Ta kolorowanka
Należy do:

....

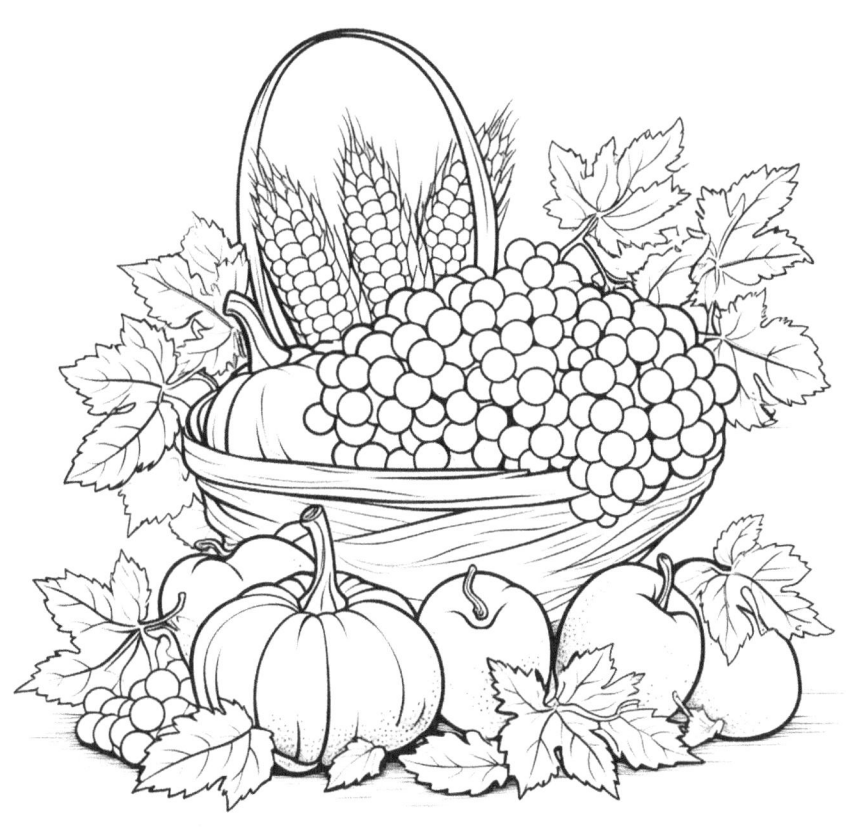

Zwyczaje i obyczaje jesienne w Polsce

Święto Zmarłych (1 listopada)- W Polsce 1 listopada obchodzone jest Święto Zmarłych (Wszystkich Świętych). Ludzie odwiedzają groby bliskich, zapalają znicze i kładą kwiaty, najczęściej chryzantemy, jako symbol pamięci.

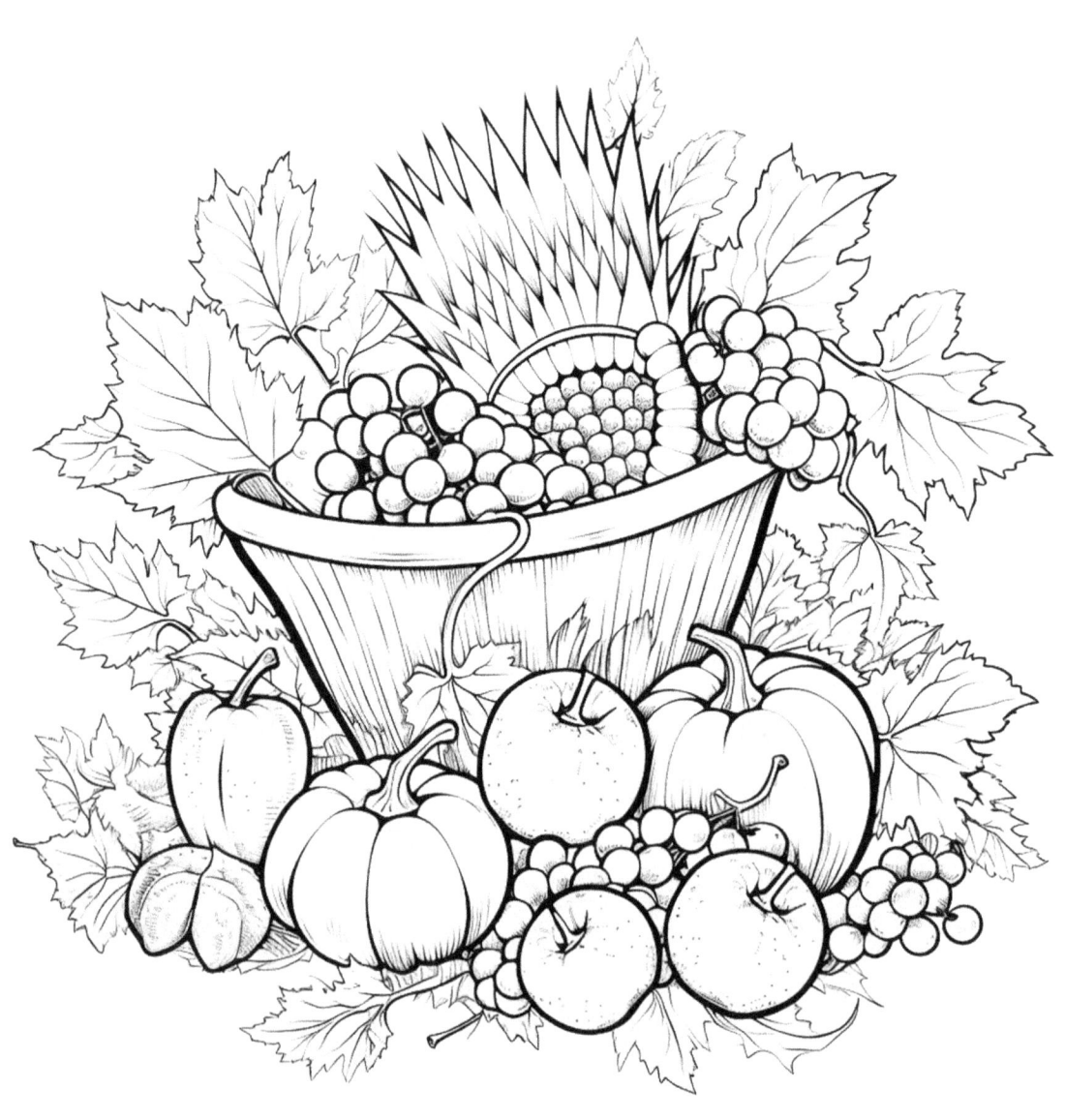

Zwyczaje i obyczaje jesienne w Polsce

Dzień Zaduszny (2 listopada) – Następnego dnia, 2 listopada, obchodzony jest Dzień Zaduszny (Zaduszki), kiedy modli się za dusze zmarłych, które mogą potrzebować wsparcia w drodze do nieba.

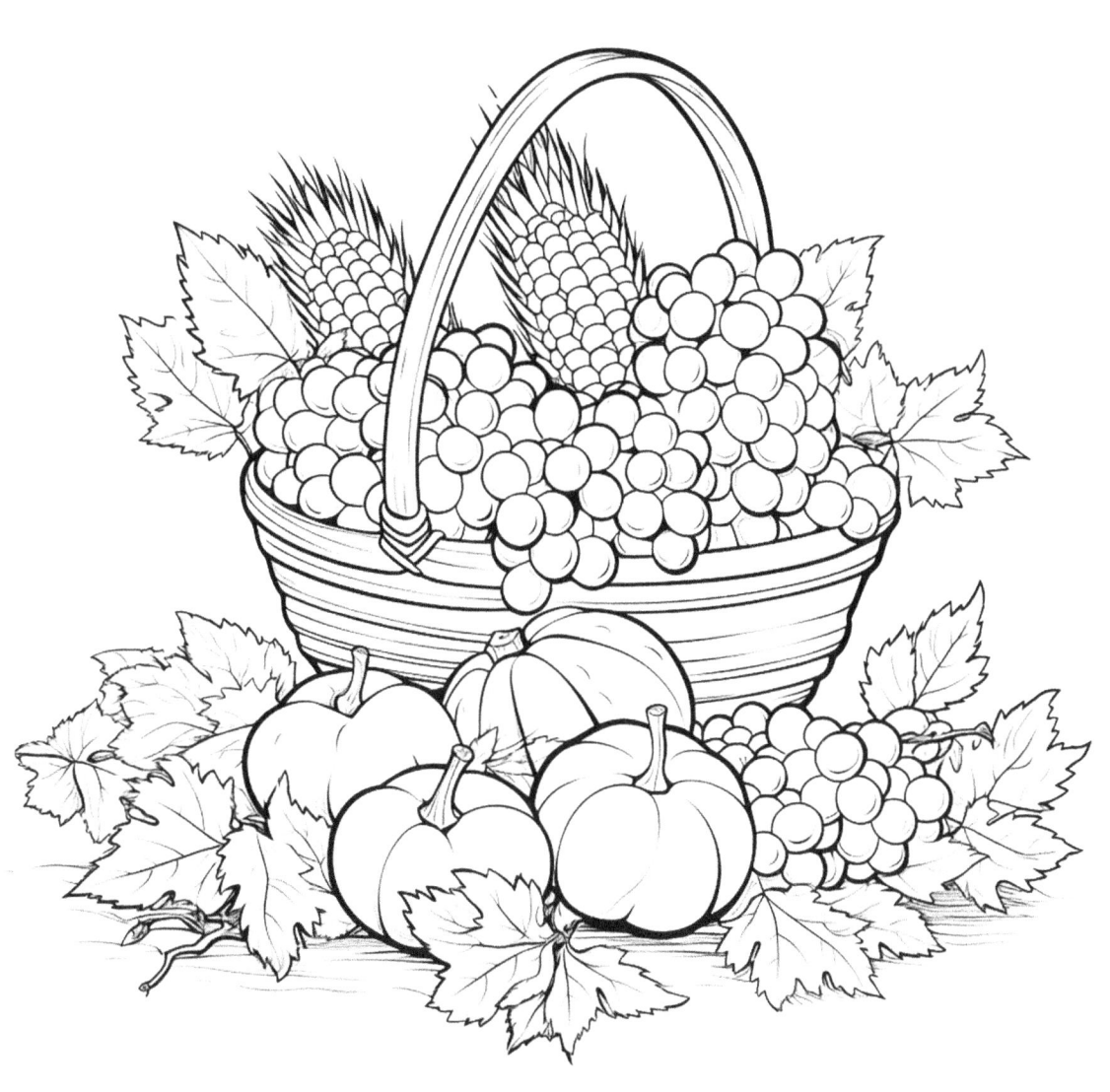

Zwyczaje i obyczaje jesienne w Polsce

Dożynki – Jesienią kończy się sezon żniw, co świętuje się podczas dożynek, ludowych uroczystości dziękczynnych za plony. Zwykle odbywają się we wrześniu.

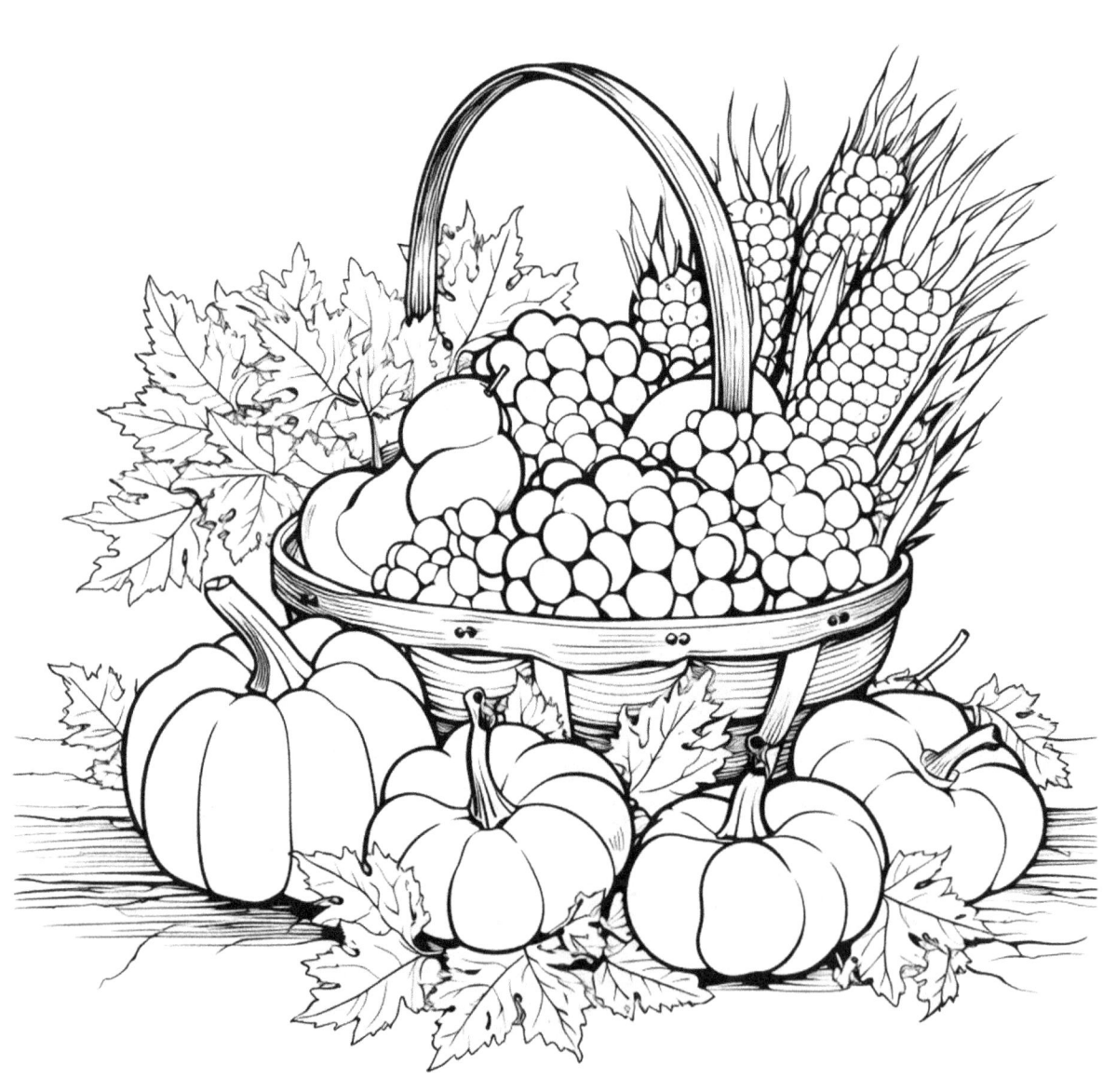

Zwyczaje i obyczaje jesienne w Polsce

Andrzejki (30 listopada) – Jesień w Polsce kończy się świętem wróżb i zabaw andrzejkowych. Tradycyjnie panny wróżyły sobie w tę noc, by dowiedzieć się, kiedy i z kim wyjdą za mąż.

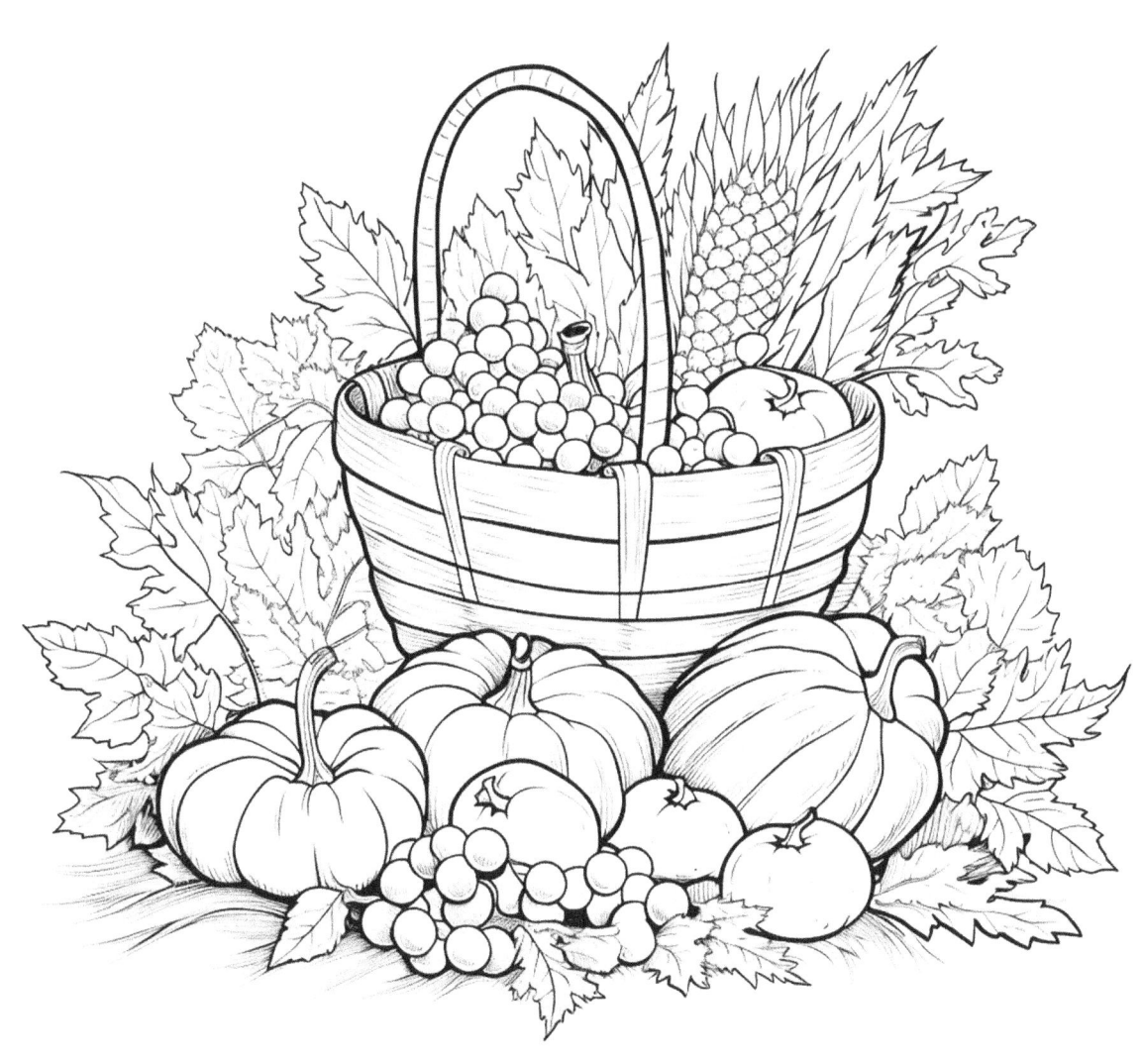

Zwyczaje i obyczaje jesienne w Polsce

Kiszenie kapusty – Jesienią, gdy kończą się zbiory warzyw, kapustę kisi się na zimę. Tradycja kiszenia kapusty jest mocno zakorzeniona w polskiej kuchni.

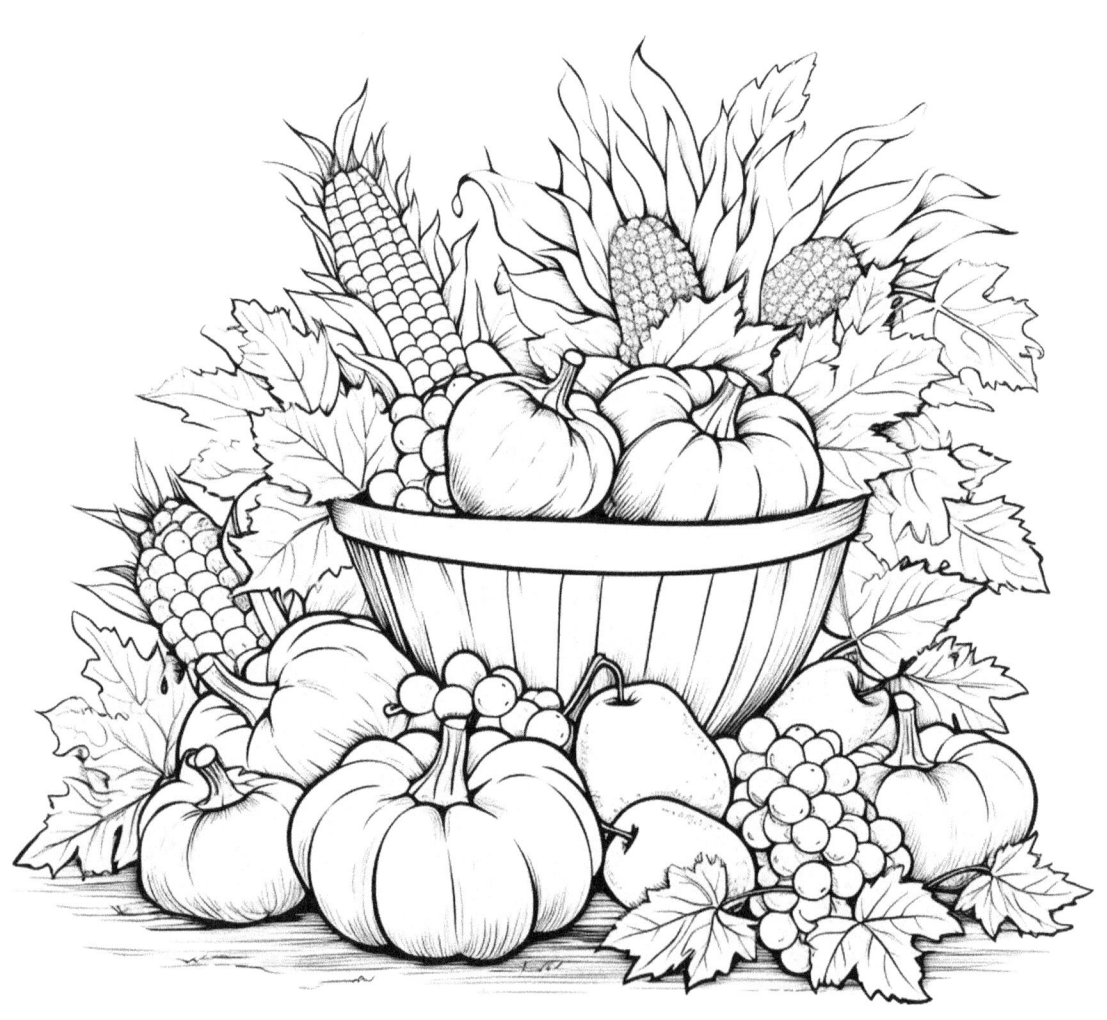

Zwyczaje i obyczaje jesienne w Polsce

Zbiór grzybów – Jesienią w Polsce odbywa się prawdziwa "grzybowa gorączka". Polacy uwielbiają zbierać grzyby w lasach, które później suszą, marynują lub gotują.

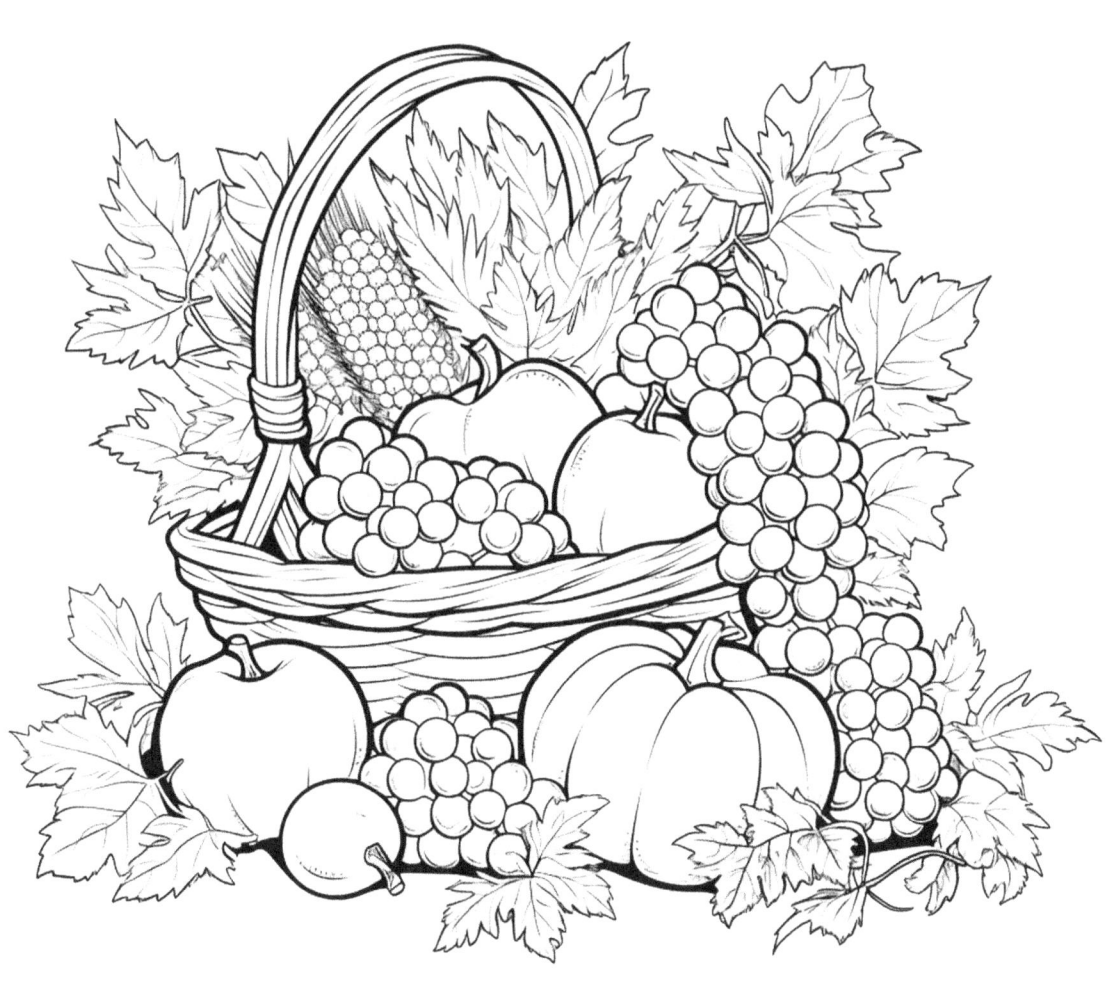

Zwyczaje i obyczaje jesienne w Polsce

Święto Dyni – W niektórych rejonach Polski popularność zyskuje Święto Dyni. Coraz częściej w październiku organizuje się festiwale poświęcone tej jesiennej roślinie.

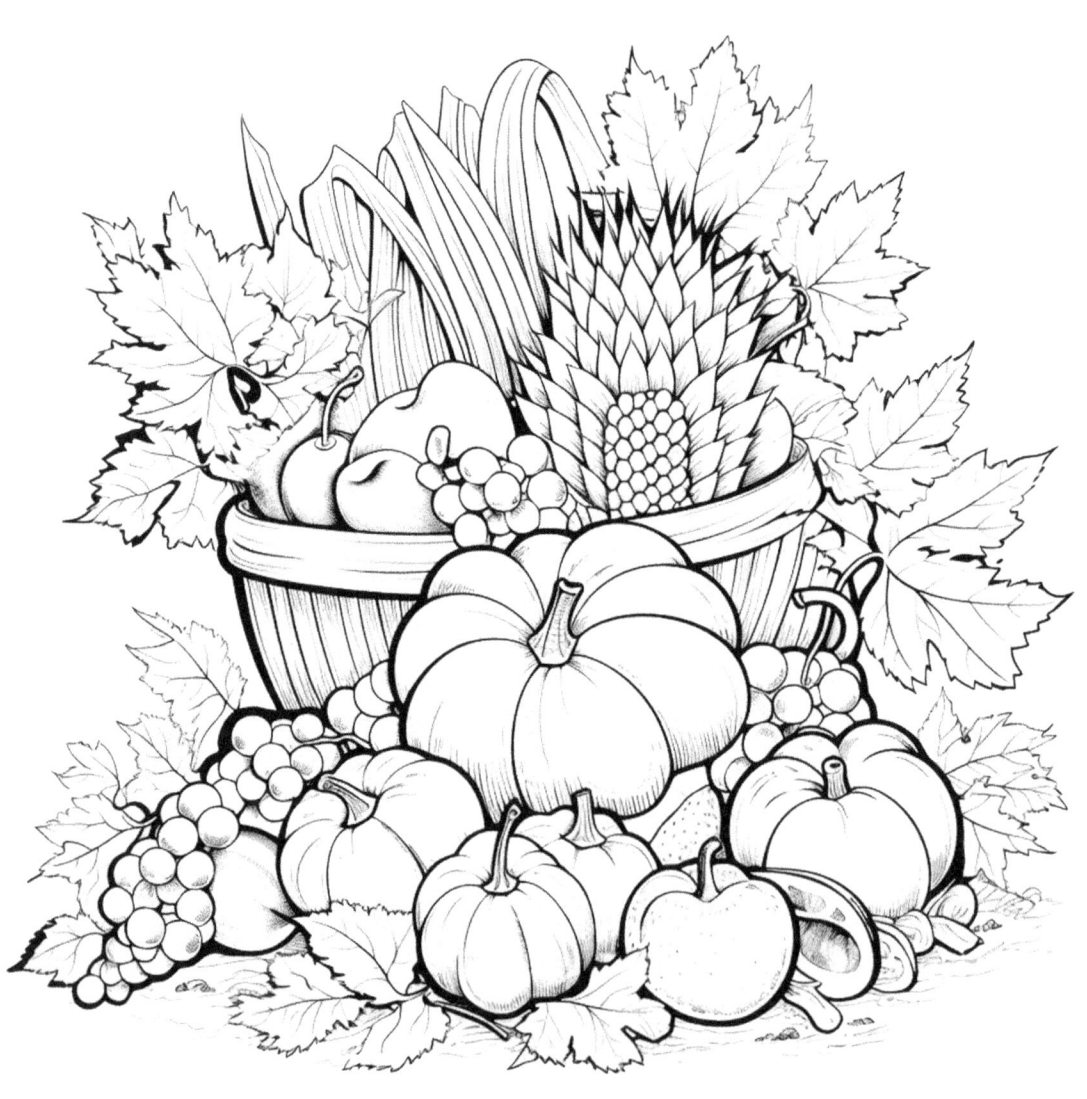

Zwyczaje i obyczaje jesienne w Polsce

Lanie wosku – W Andrzejki popularną wróżbą jest lanie wosku przez klucz. Z woskowej figury przewiduje się przyszłość.

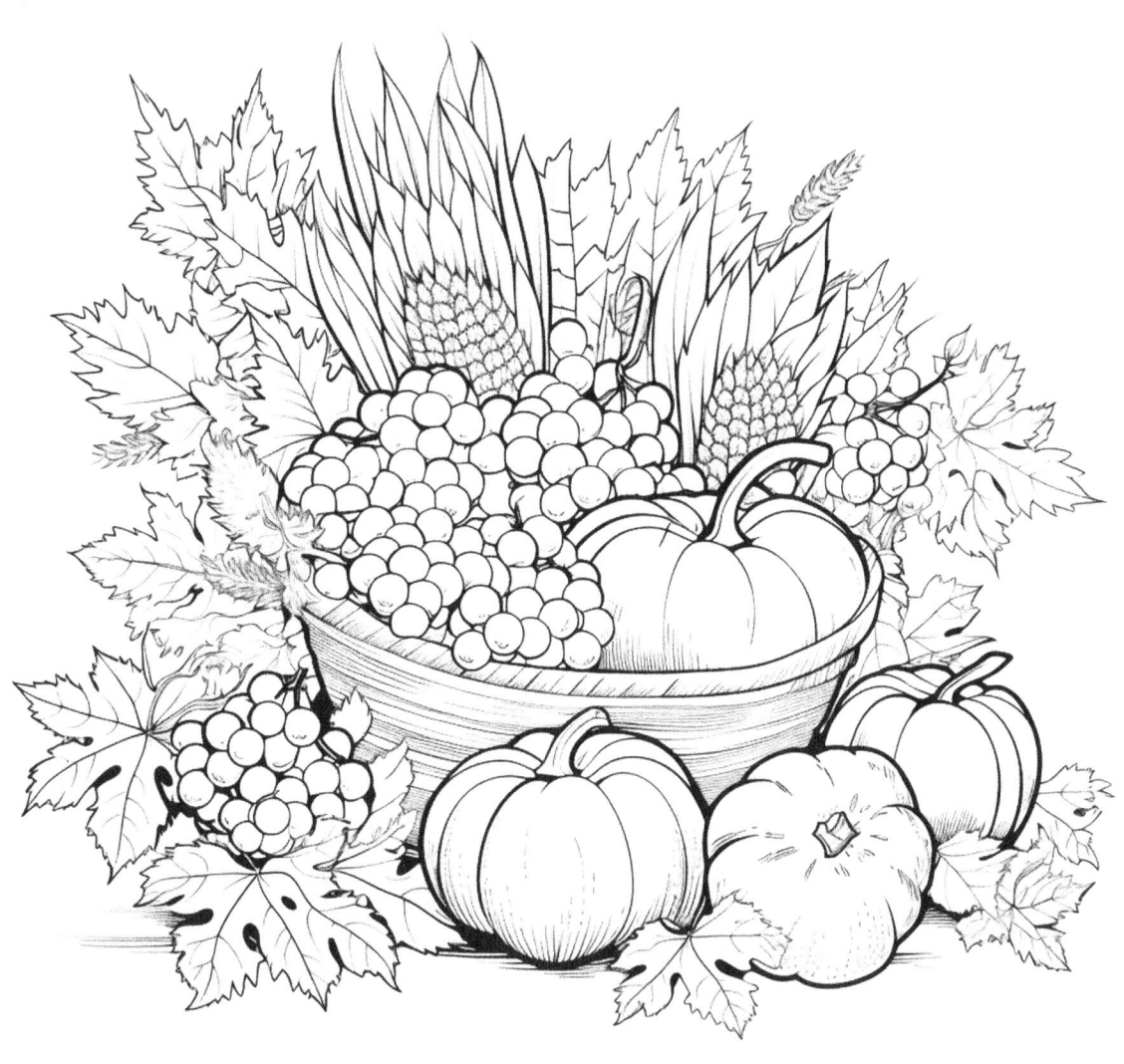

Zwyczaje i obyczaje jesienne w Polsce

Zbieranie kasztanów i żołędzi – Dzieci często zbierają kasztany i żołędzie, które później wykorzystywane są do robienia ludzików czy ozdób.

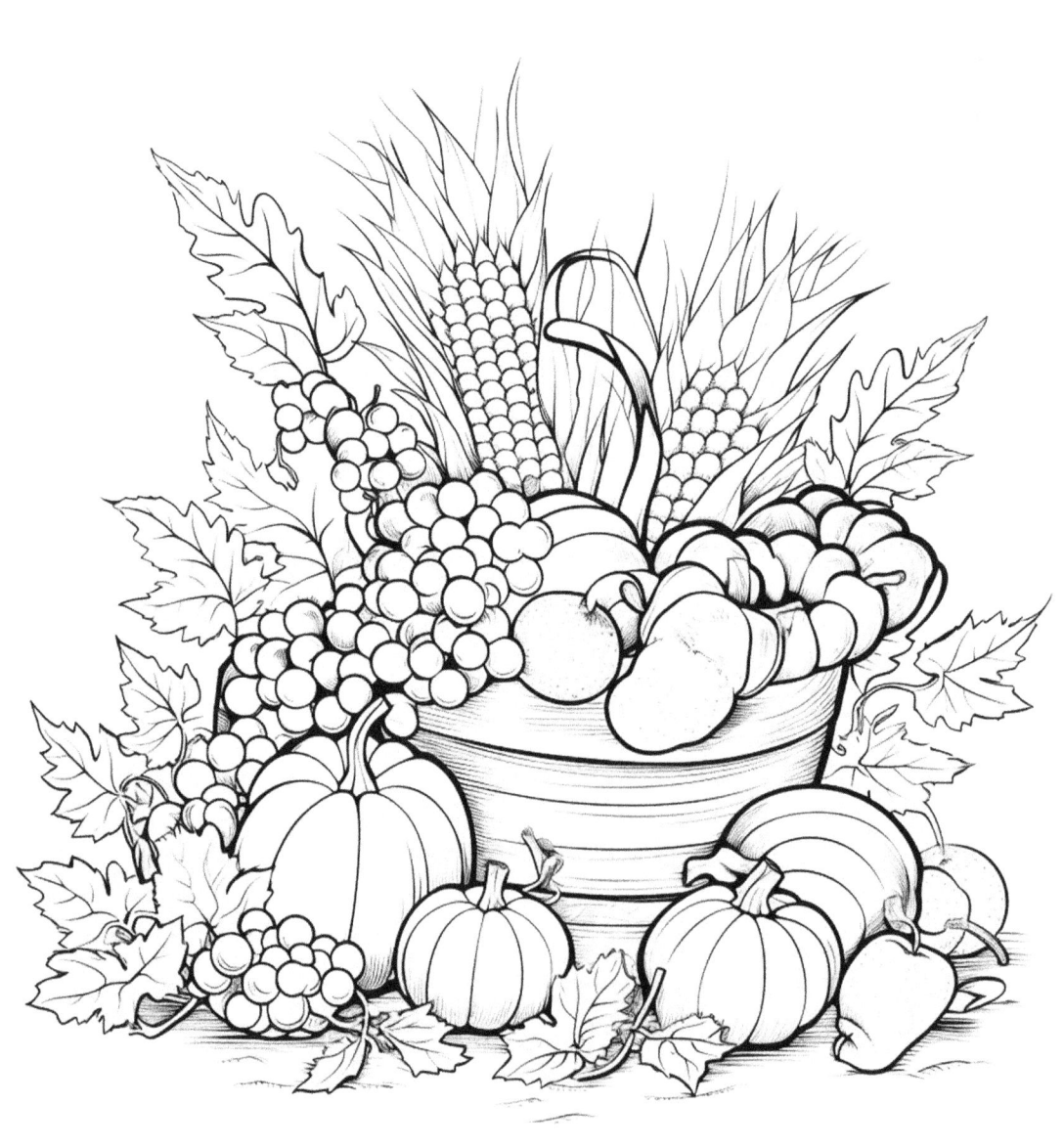

Zwyczaje i obyczaje jesienne w Polsce

Gęsina na św. Marcina (11 listopada) – W dzień św. Marcina w Polsce tradycyjnie podaje się pieczoną gęś, co ma swoje korzenie w staropolskich obyczajach związanych z zakończeniem rolniczego roku.

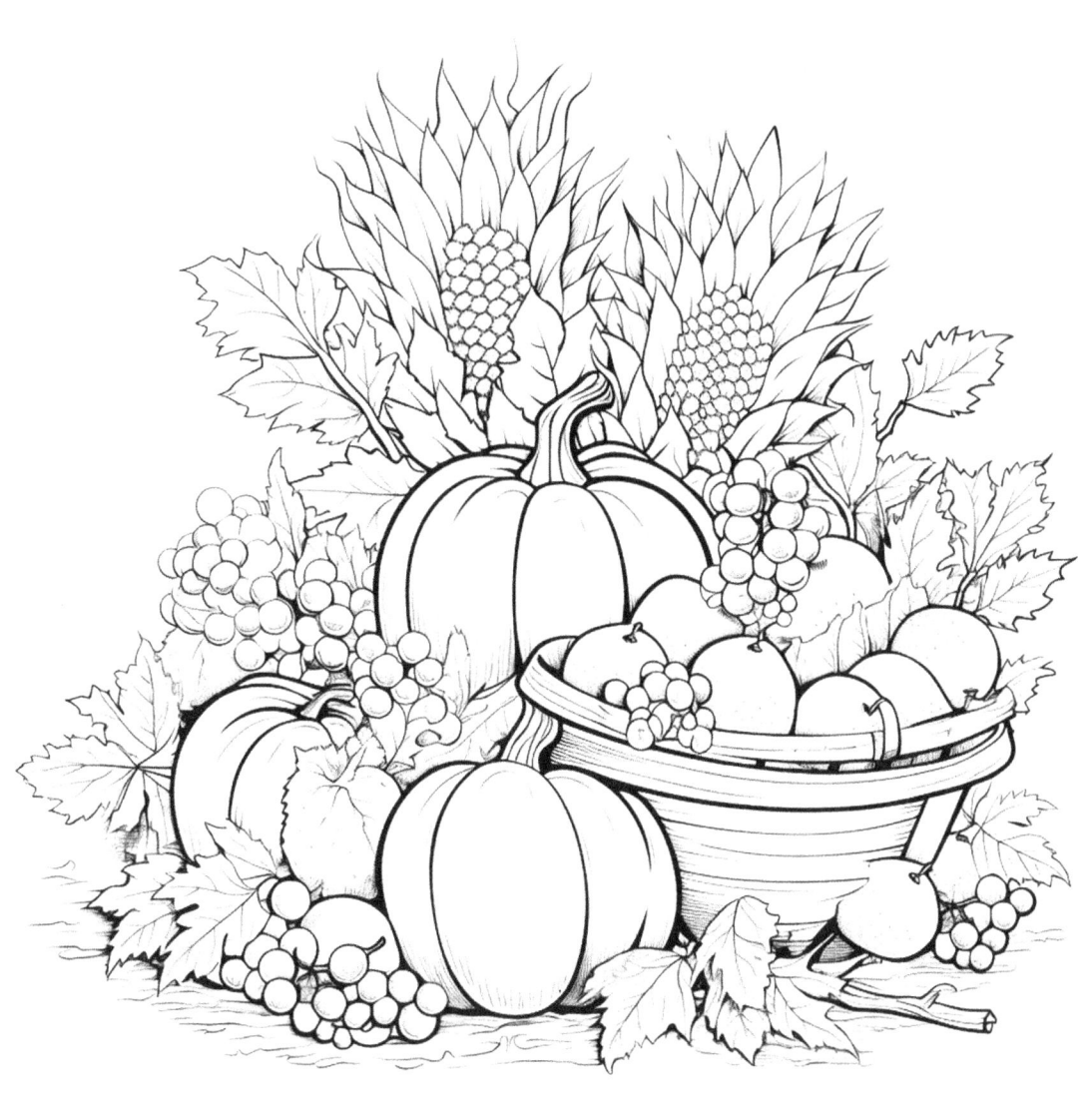

Zwyczaje i obyczaje jesienne w Polsce

Święto Winobrania – W niektórych regionach, szczególnie na zachodzie Polski, jesienią obchodzi się święto winobrania, podczas którego świętuje się zbiory winogron i produkcję wina.

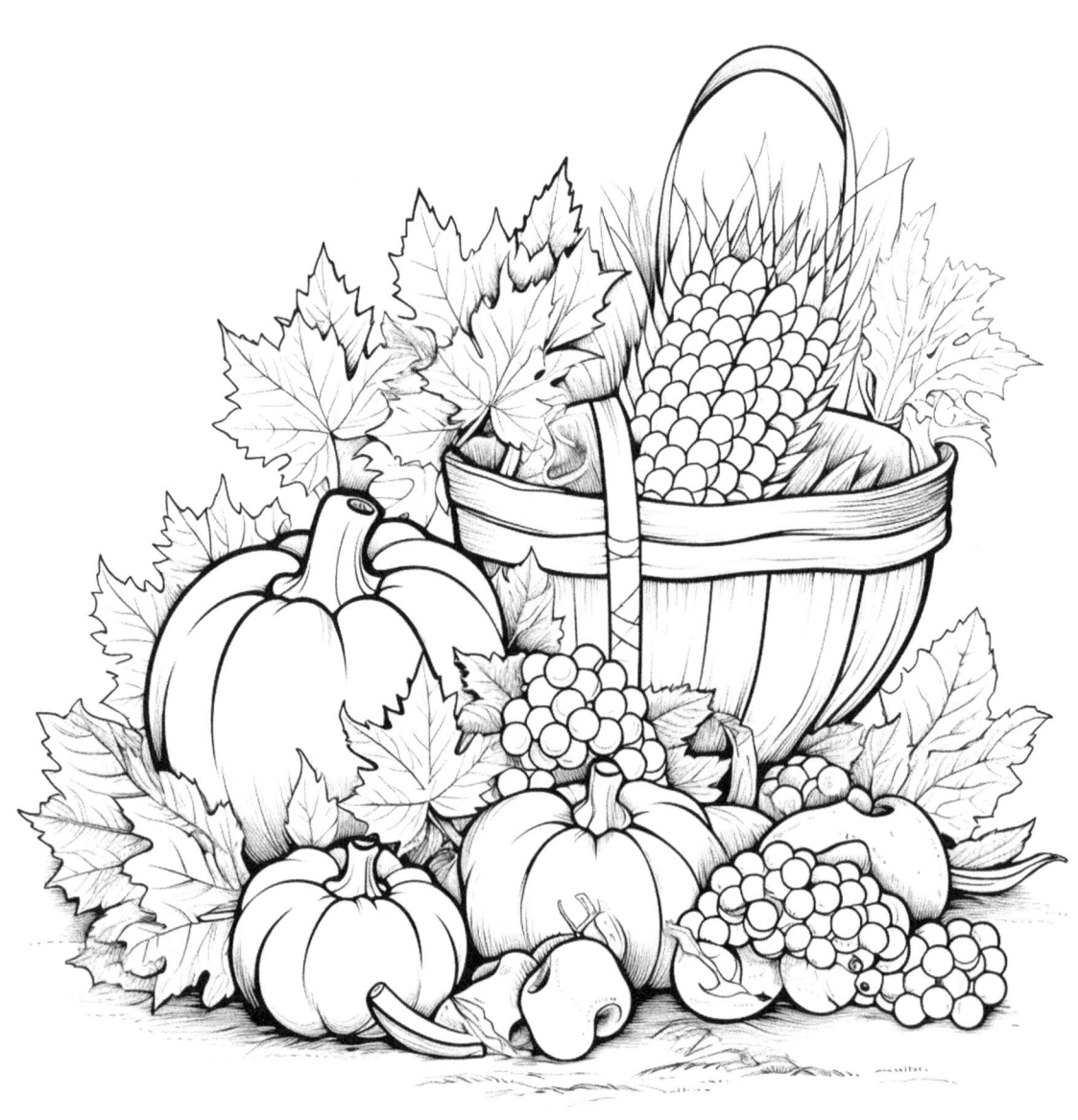

Zwyczaje i obyczaje jesienne w Polsce

Czas na zbieranie owoców – Jesienią zbiera się jabłka, gruszki i śliwki, które często wykorzystywane są do robienia przetworów, takich jak kompoty, powidła czy soki.

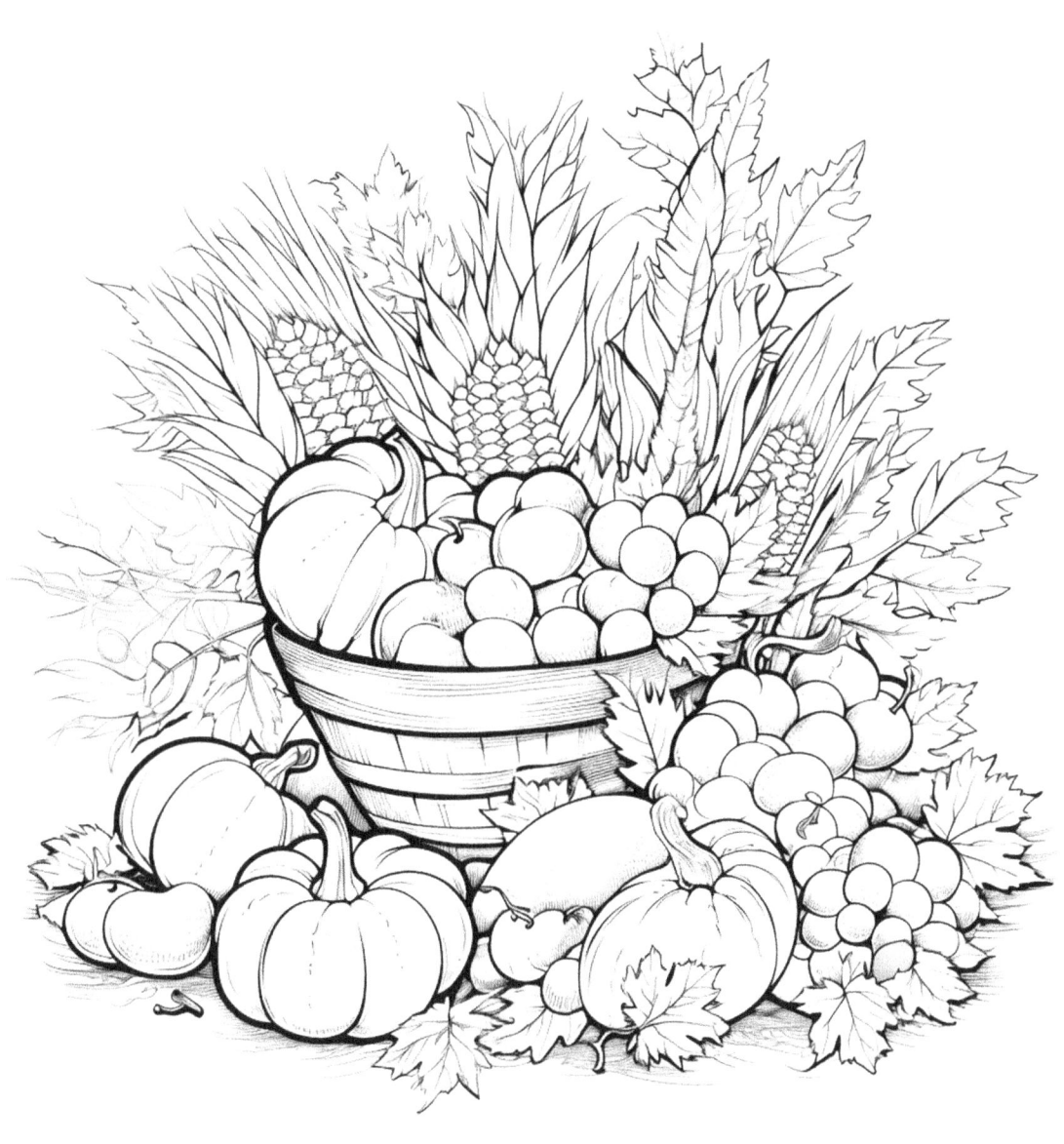

Zwyczaje i obyczaje jesienne w Polsce

Palmy chryzantem – Na Wszystkich Świętych chryzantemy są najpopularniejszymi kwiatami, które kładzie się na grobach. Symbolizują one nieśmiertelność i wieczność.

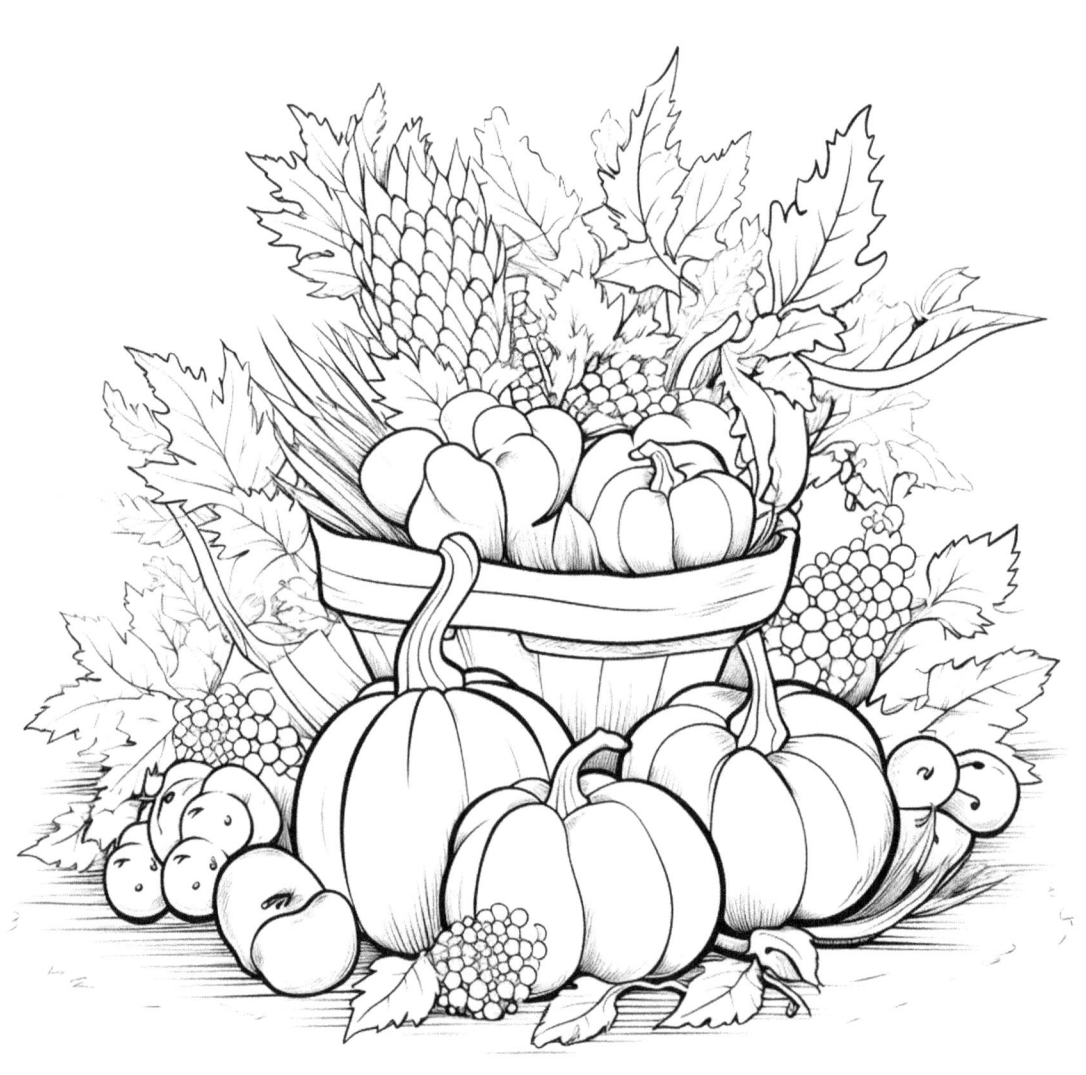

Zwyczaje i obyczaje jesienne w Polsce

Tradycyjne jesienne potrawy – W polskich domach jesienią często pojawiają się dania z kapusty, ziemniaków, grzybów i dyni. Kiszonki, bigosy i zupy grzybowe są wyjątkowo popularne.

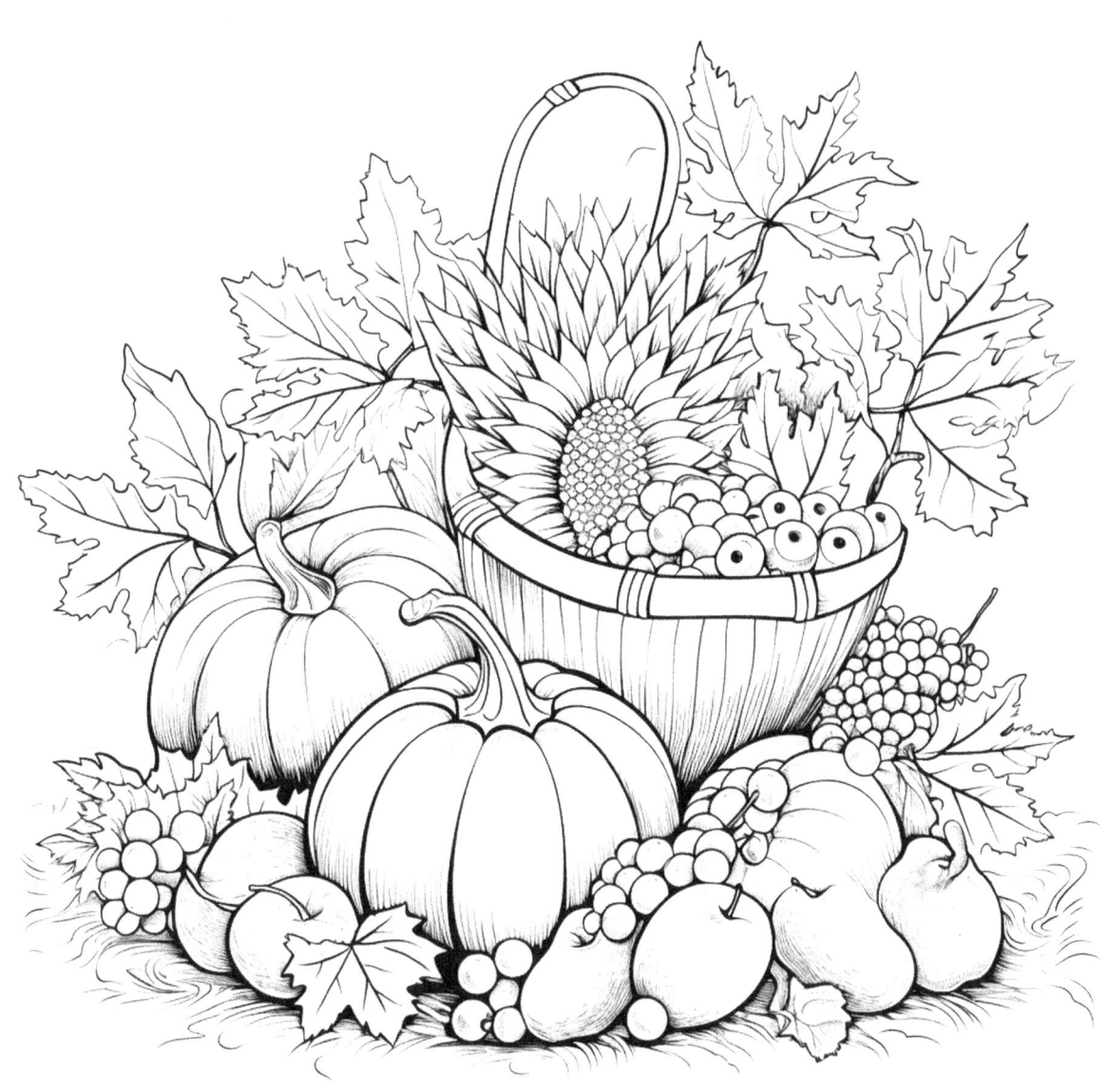

Zwyczaje i obyczaje jesienne w Polsce

Sprzątanie ogrodu – Jesienią Polacy przygotowują swoje ogrody do zimy – zgrabiają liście, zabezpieczają rośliny przed mrozami, a także sadzą cebulki kwiatowe na wiosnę.

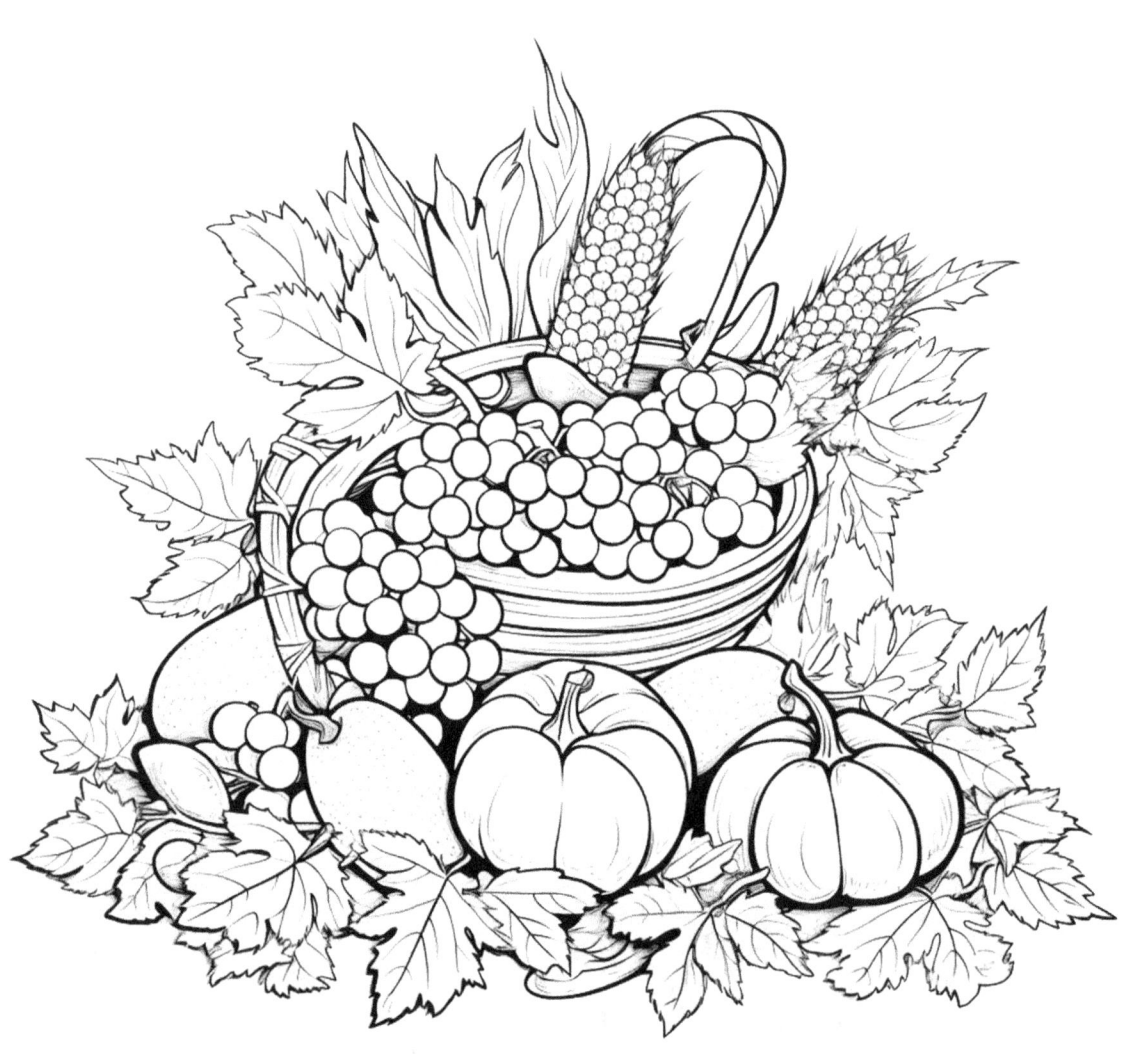

Zwyczaje i obyczaje jesienne w Polsce

Ogniska i pieczenie ziemniaków – W niektórych regionach jesienią odbywają się rodzinne ogniska, podczas których piecze się ziemniaki i kiełbaski.

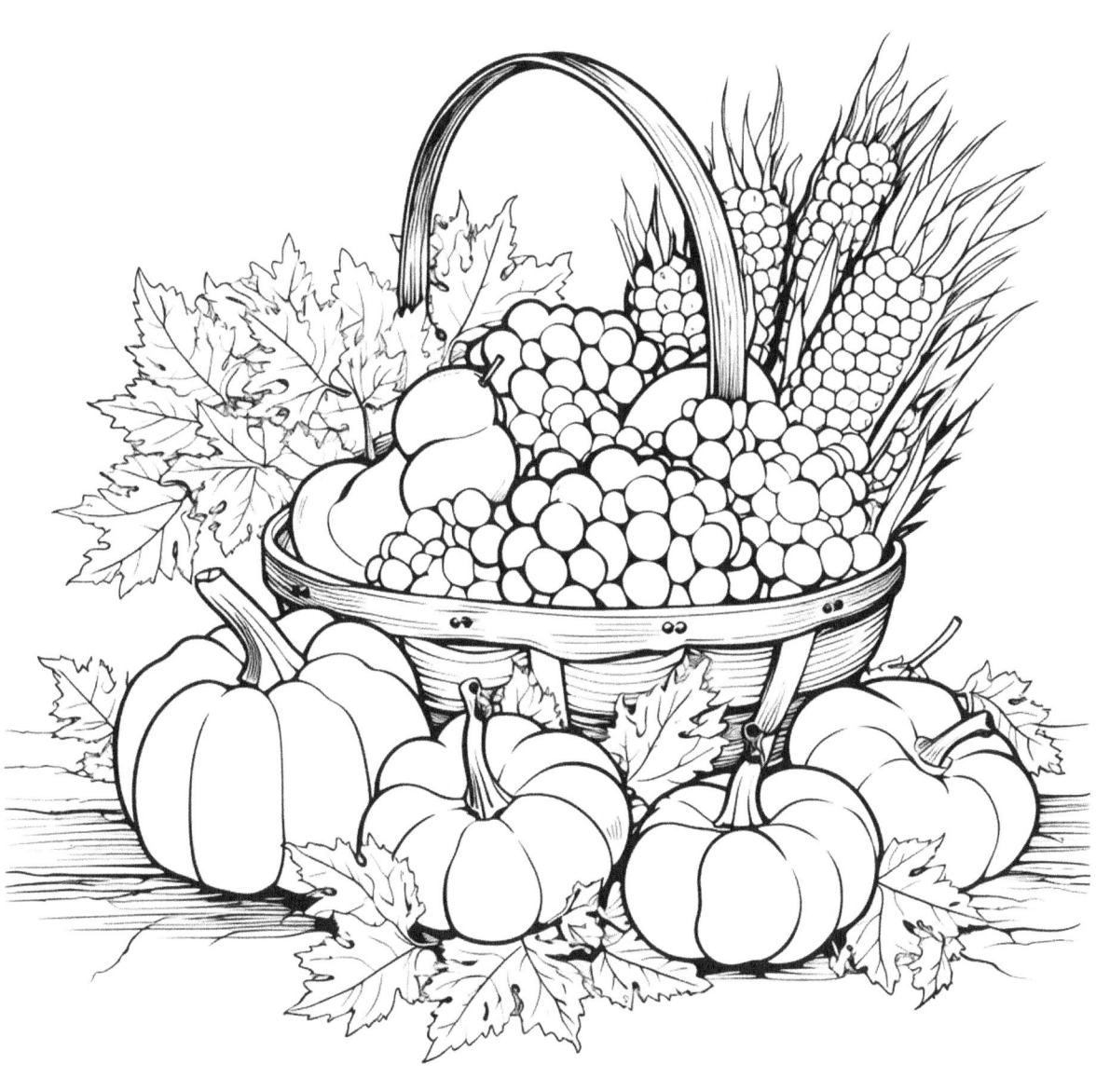

Zwyczaje i obyczaje jesienne w Polsce

Słowiańska Noc Zaduszna – Dawniej, przed chrystianizacją, obchodzono Noc Zaduszną – święto poświęcone duszom przodków, podczas którego zapalano ogniska na grobach, by oświetlić drogę zmarłym.

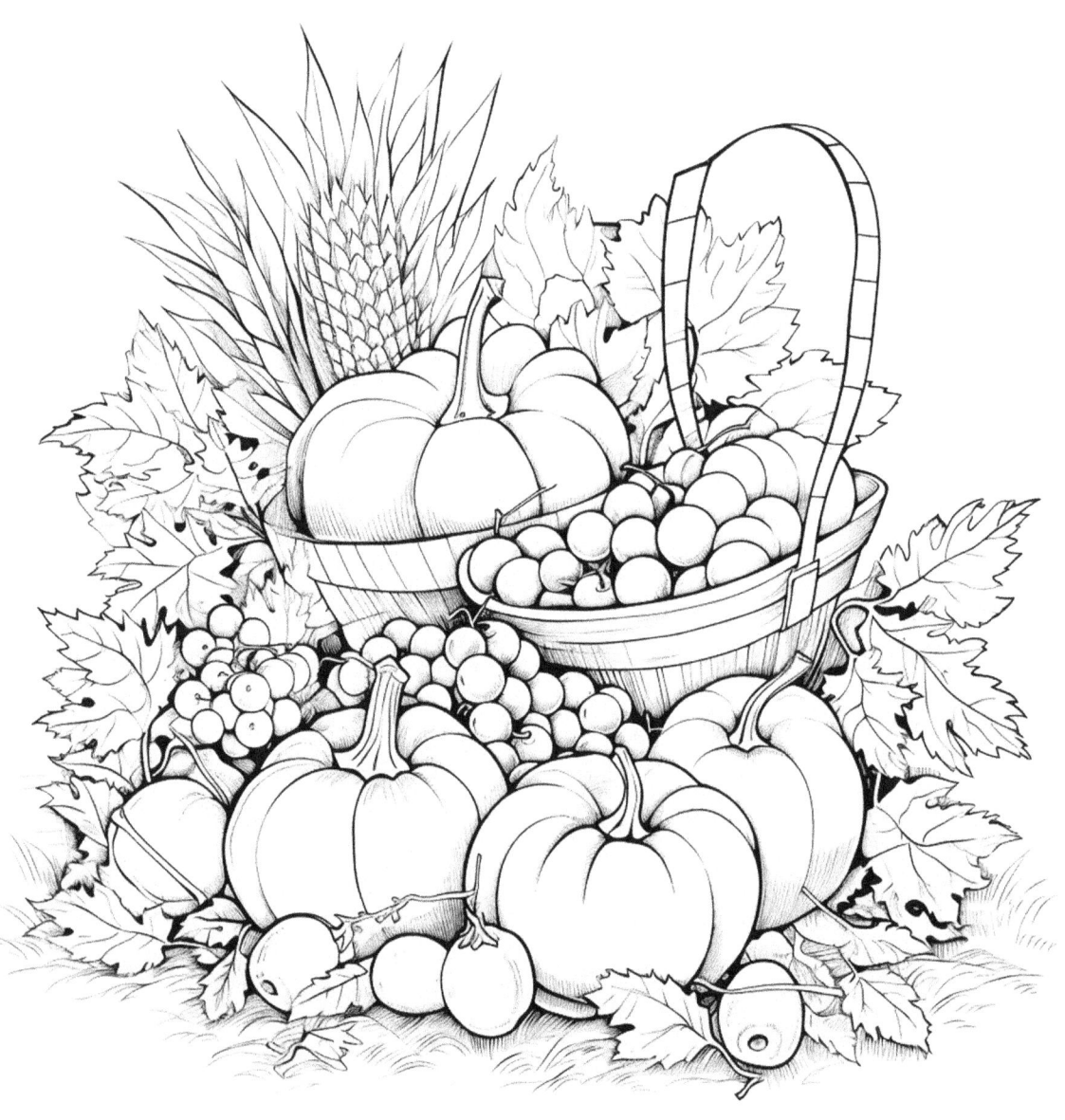

Zwyczaje i obyczaje jesienne w Polsce

Smutek i nostalgia – Polska jesień, zwłaszcza listopad, uchodzi za czas refleksji i zadumy nad życiem i śmiercią, co wynika z połączenia szaroburej pogody z obchodami Święta Zmarłych.

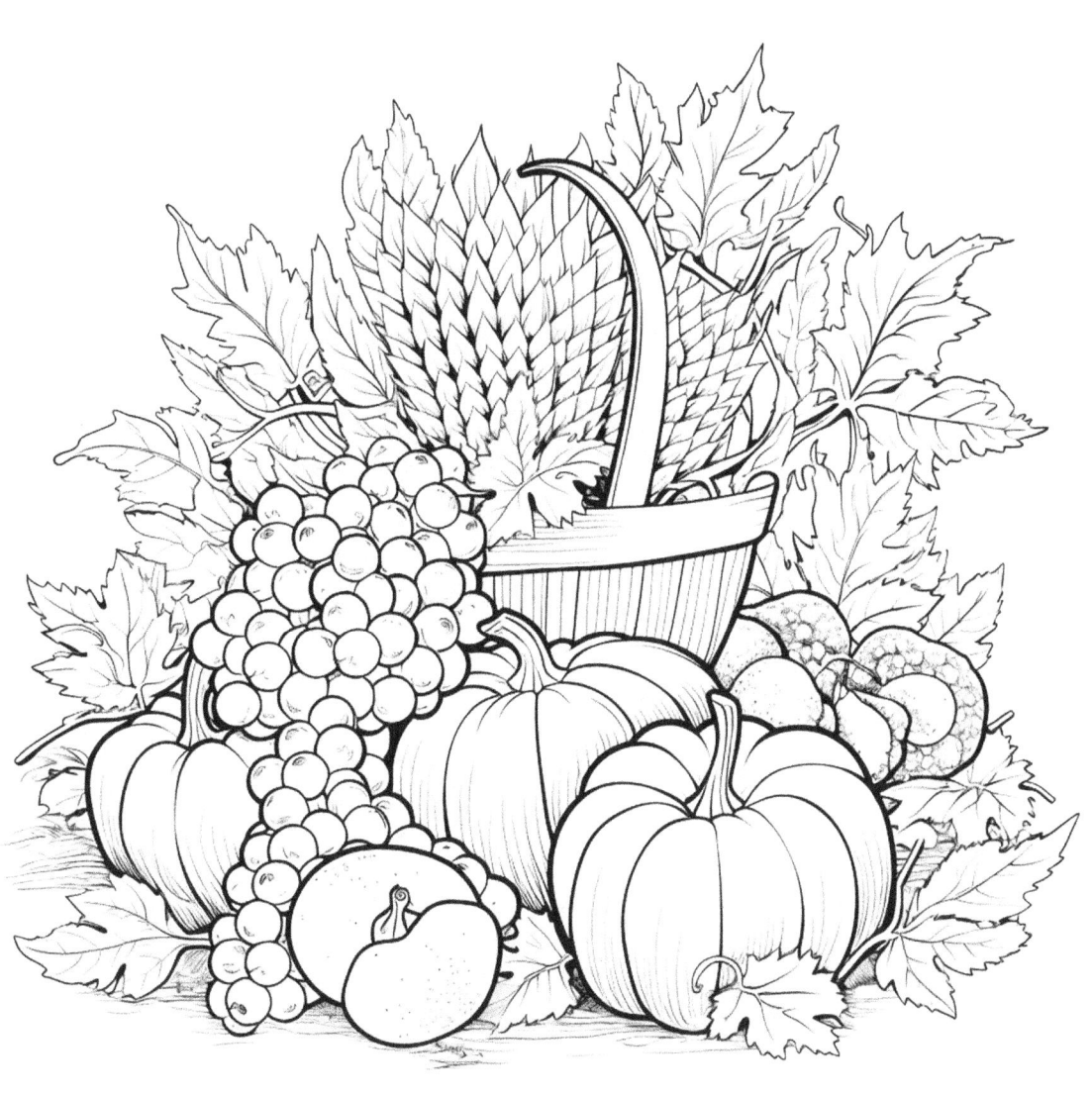

Zwyczaje i obyczaje jesienne w Polsce

Wróżby z jabłek – Podczas andrzejek jedną z wróżb było obieranie jabłka w taki sposób, by uzyskać jak najdłuższą skórkę. Rzucano ją za siebie, a litera, w jaką upadła, miała wskazać inicjał przyszłego małżonka.

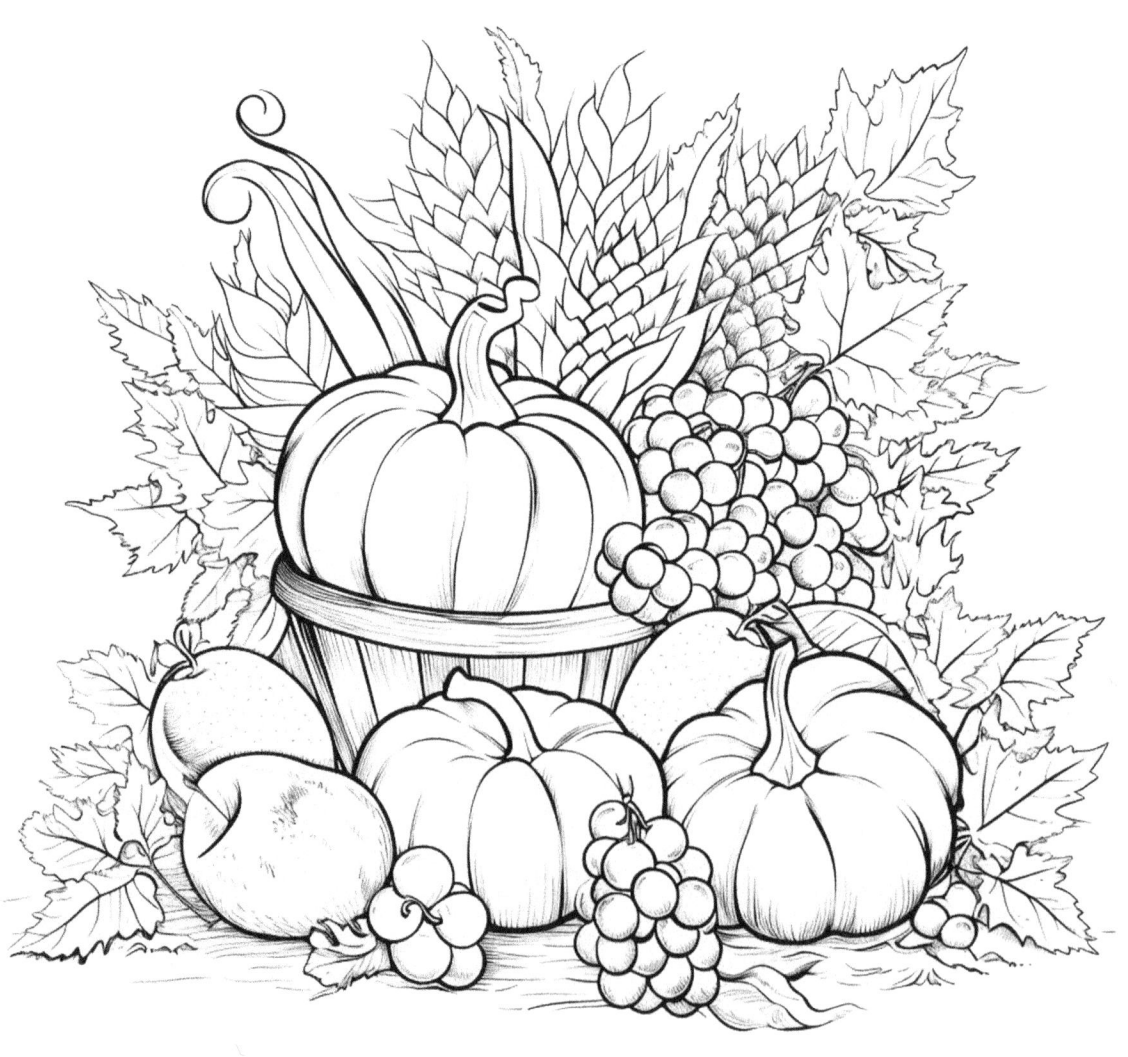

Zwyczaje i obyczaje jesienne w Polsce

Święto Niepodległości (11 listopada) – Jesienią, 11 listopada, Polacy obchodzą Narodowe Święto Niepodległości, upamiętniające odzyskanie przez Polskę wolności w 1918 roku.

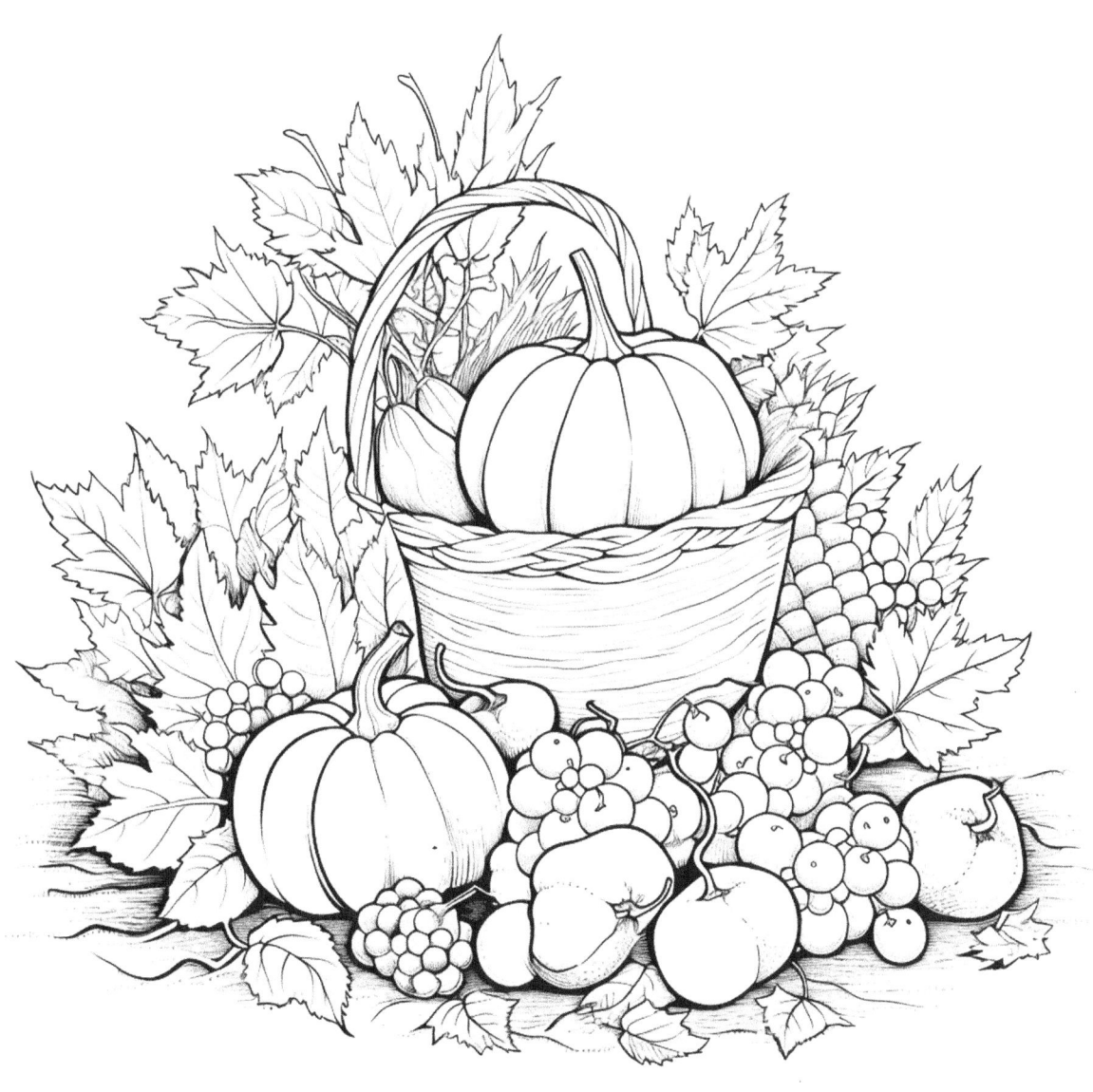

Zwyczaje i obyczaje jesienne w Polsce

Wyścigi w workach i inne zabawy na świeżym powietrzu – Jesienią, zwłaszcza podczas szkolnych pikników lub imprez rodzinnych, organizowane są różne zabawy, takie jak wyścigi w workach, przeciąganie liny czy szukanie ukrytych skarbów wśród spadających liści.

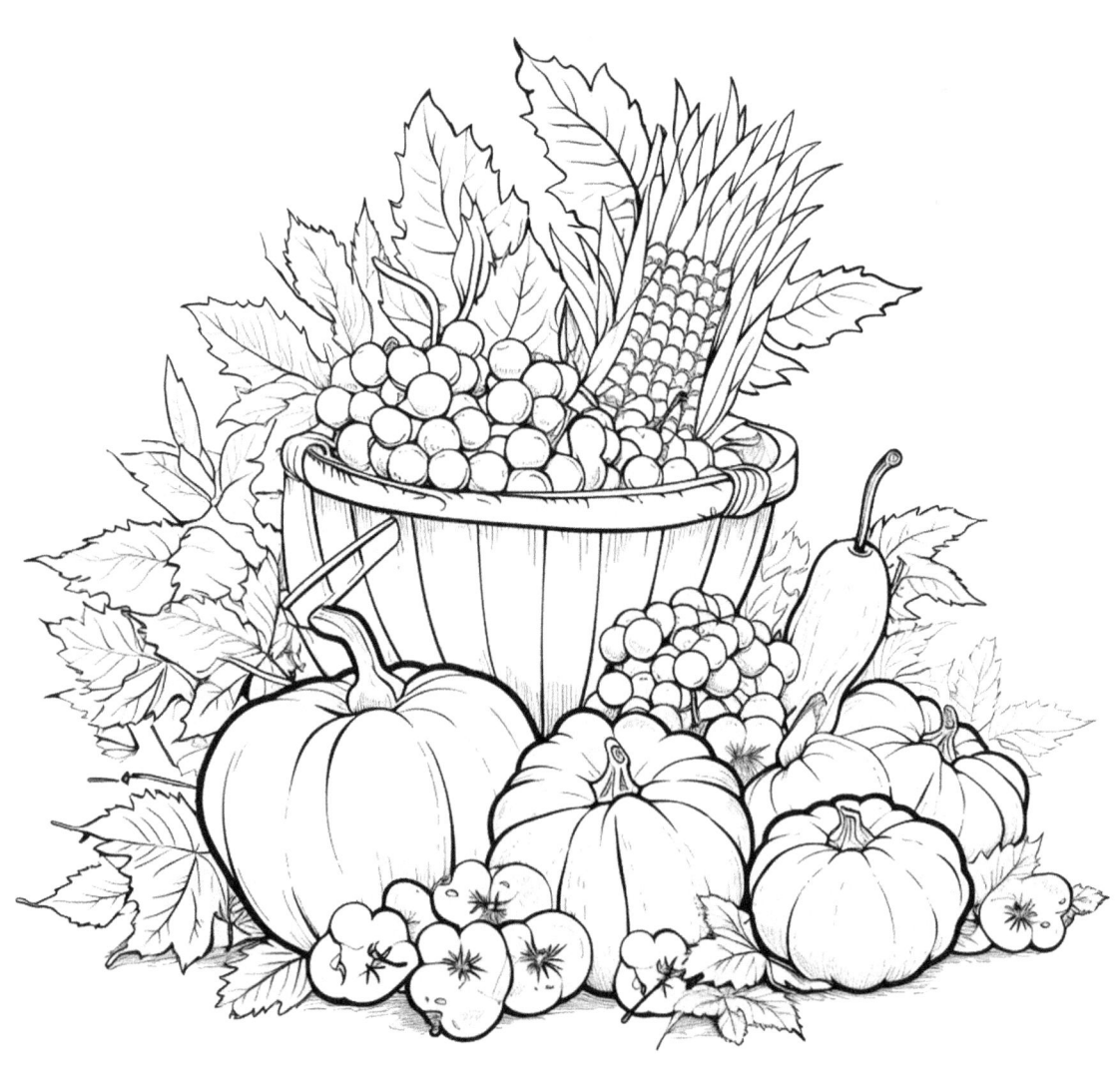

Zwyczaje i obyczaje jesienne w Polsce

Oktoberfest w Polsce – Wzorem bawarskiego Oktoberfestu, także w Polsce, szczególnie w miastach z silnymi niemieckimi wpływami, organizowane są jesienne festiwale piwa

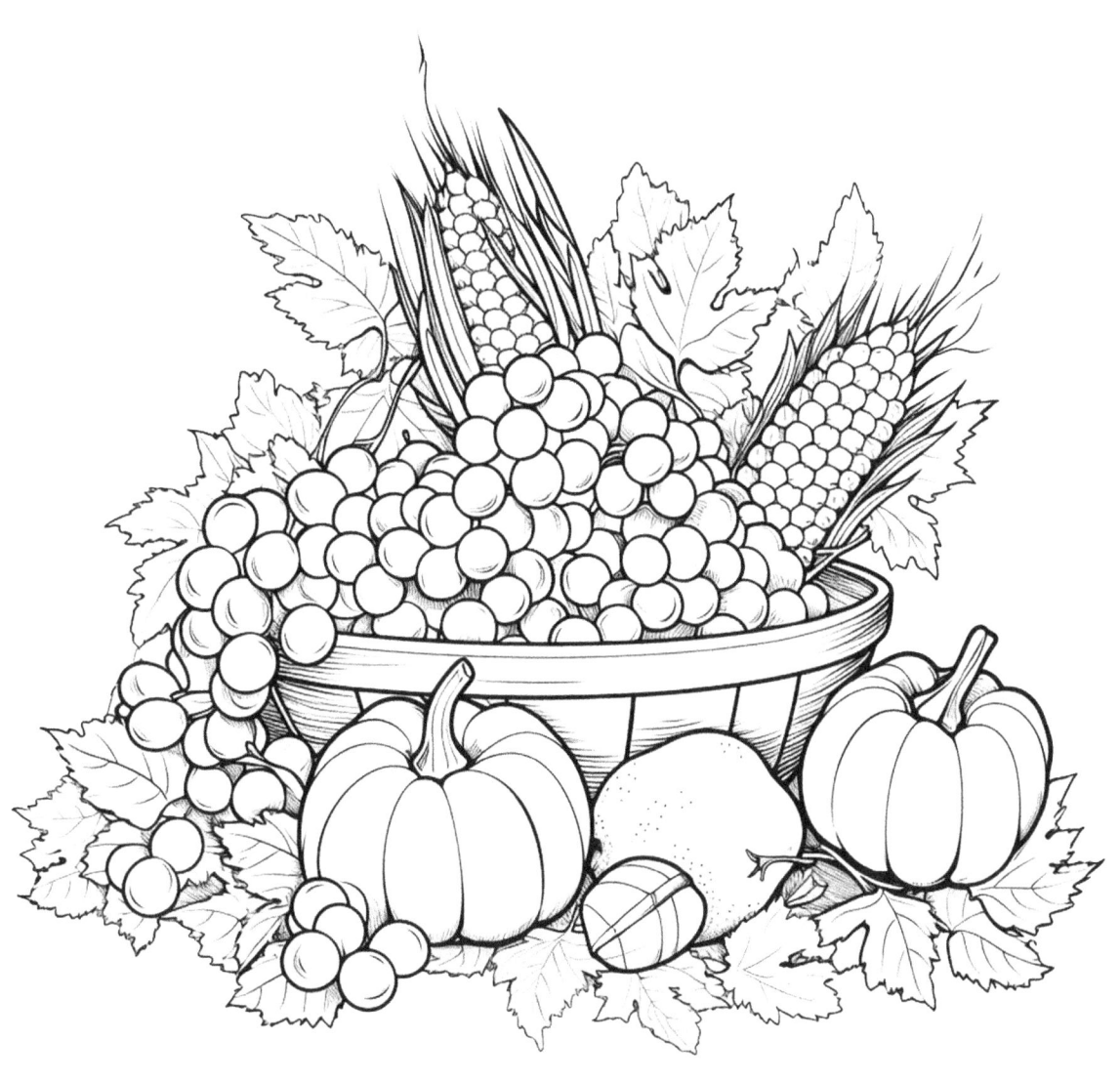

Zwyczaje i obyczaje jesienne w Polsce

Wieczory przy herbacie i nalewkach – W chłodne, jesienne wieczory Polacy często zasiadają w domowym zaciszu z kubkiem gorącej herbaty, często z dodatkiem miodu lub imbiru. Popularne są też domowe nalewki, np. z pigwy czy malin, które umilają długie wieczory.

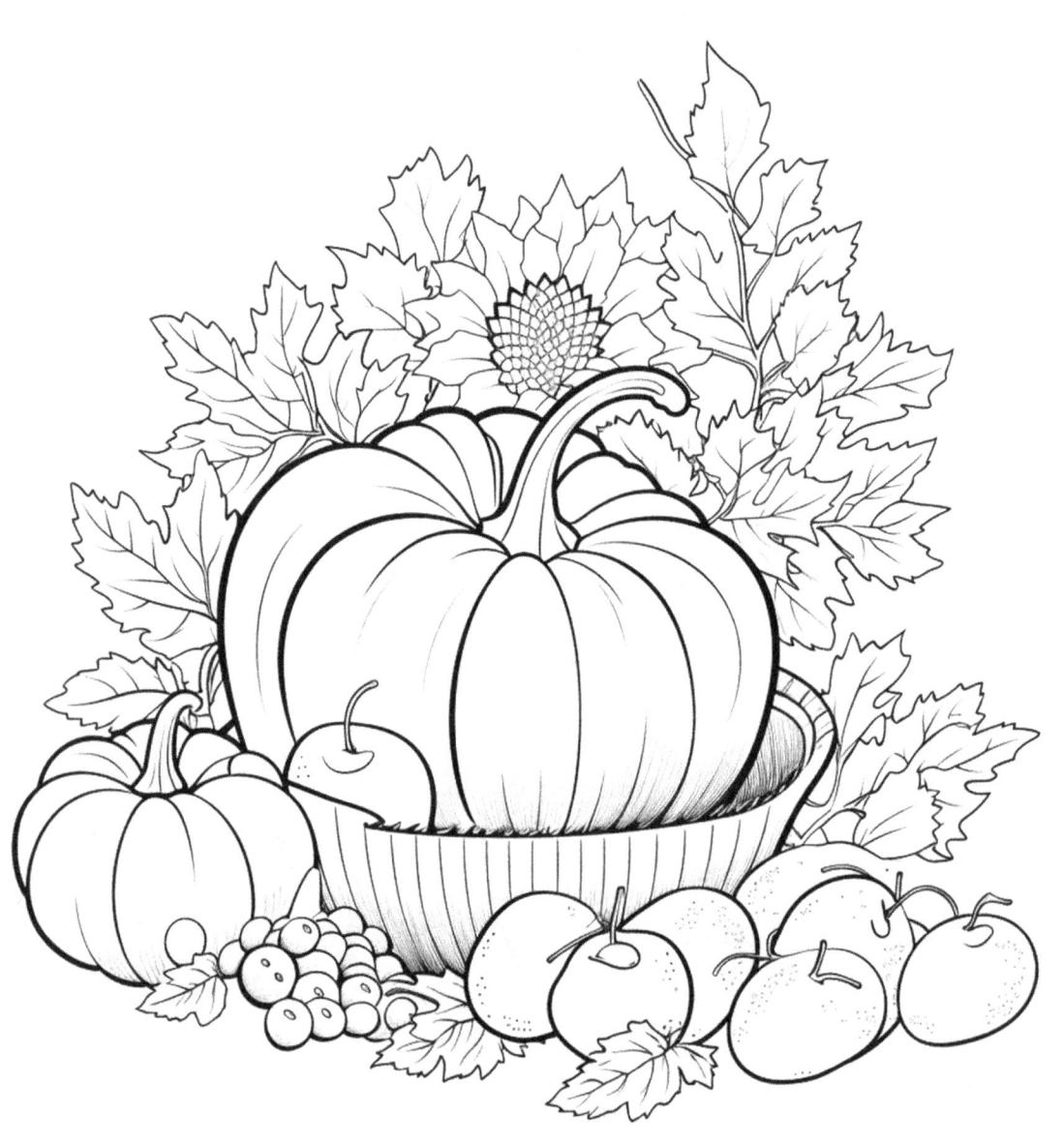

Zwyczaje i obyczaje jesienne w Polsce

Oglądanie starych filmów – Jesienne wieczory to doskonała okazja, aby powrócić do ulubionych klasyków filmowych. Wiele osób urządza sobie domowe seanse filmowe, oglądając stare, polskie komedie, dramaty czy filmy familijne z dawnych lat.

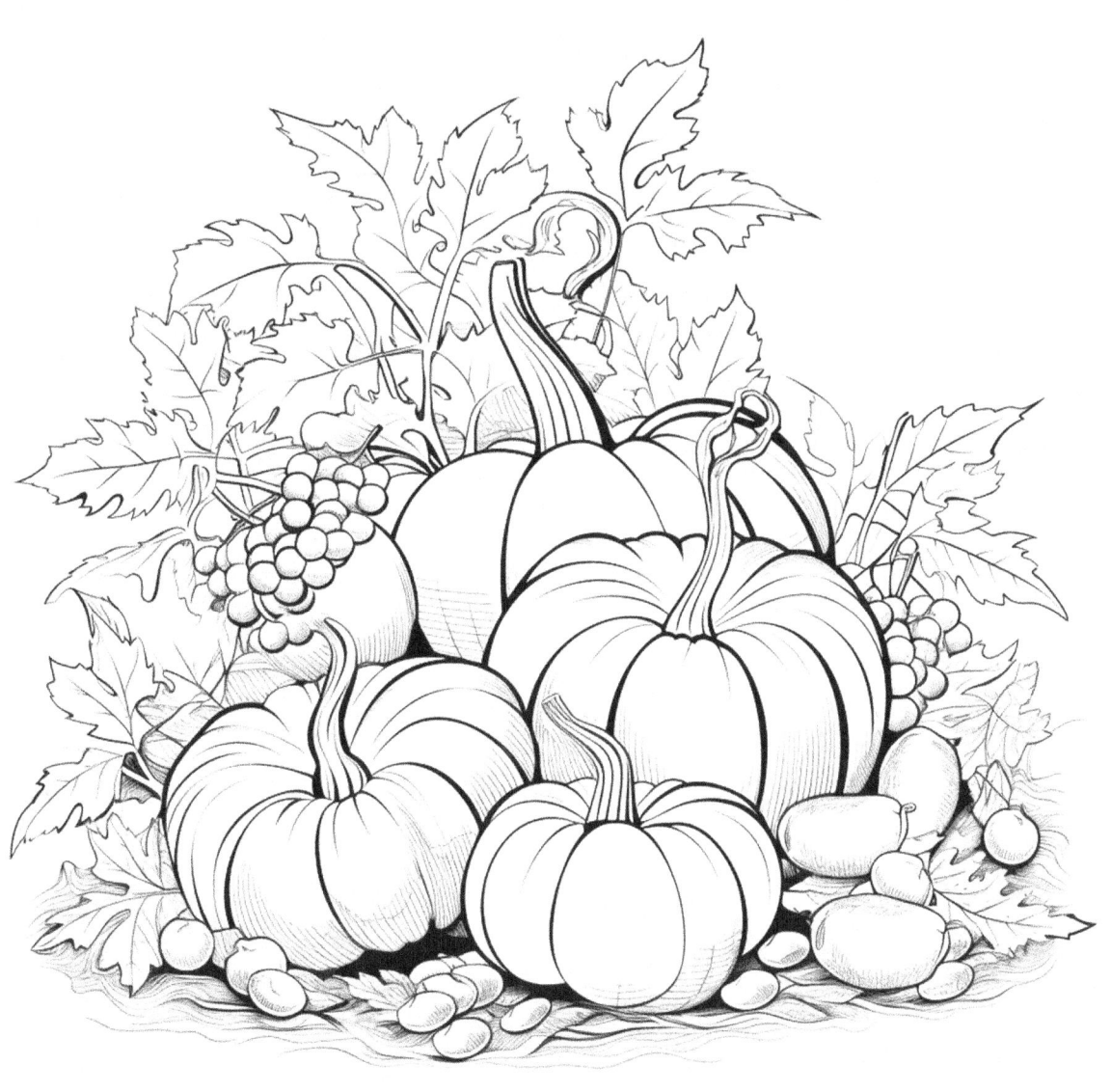

Zwyczaje i obyczaje jesienne w Polsce

Granie w gry planszowe – W wielu polskich domach jesienne wieczory to czas spędzany na wspólnym graniu w gry planszowe z rodziną i przyjaciółmi, co jest świetnym sposobem na integrację i rozrywkę podczas długich, chłodnych dni.

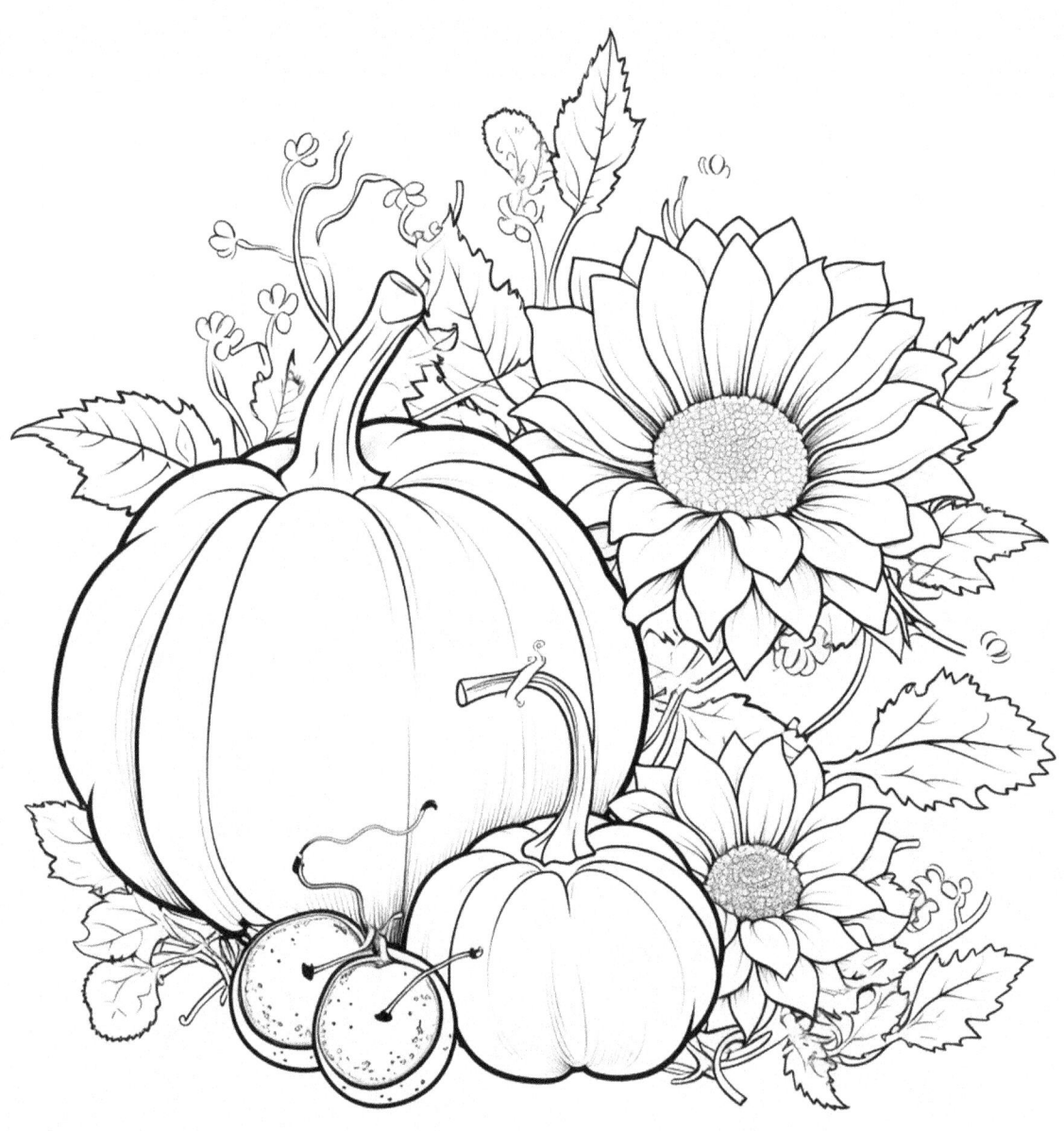

Zwyczaje i obyczaje jesienne w Polsce

Polska złota jesień to wyjątkowy czas, kiedy przyroda mieni się odcieniami złota, czerwieni i brązu, a ciepłe, słoneczne dni kontrastują z chłodnymi porankami, tworząc niezapomniany, malowniczy krajobraz.

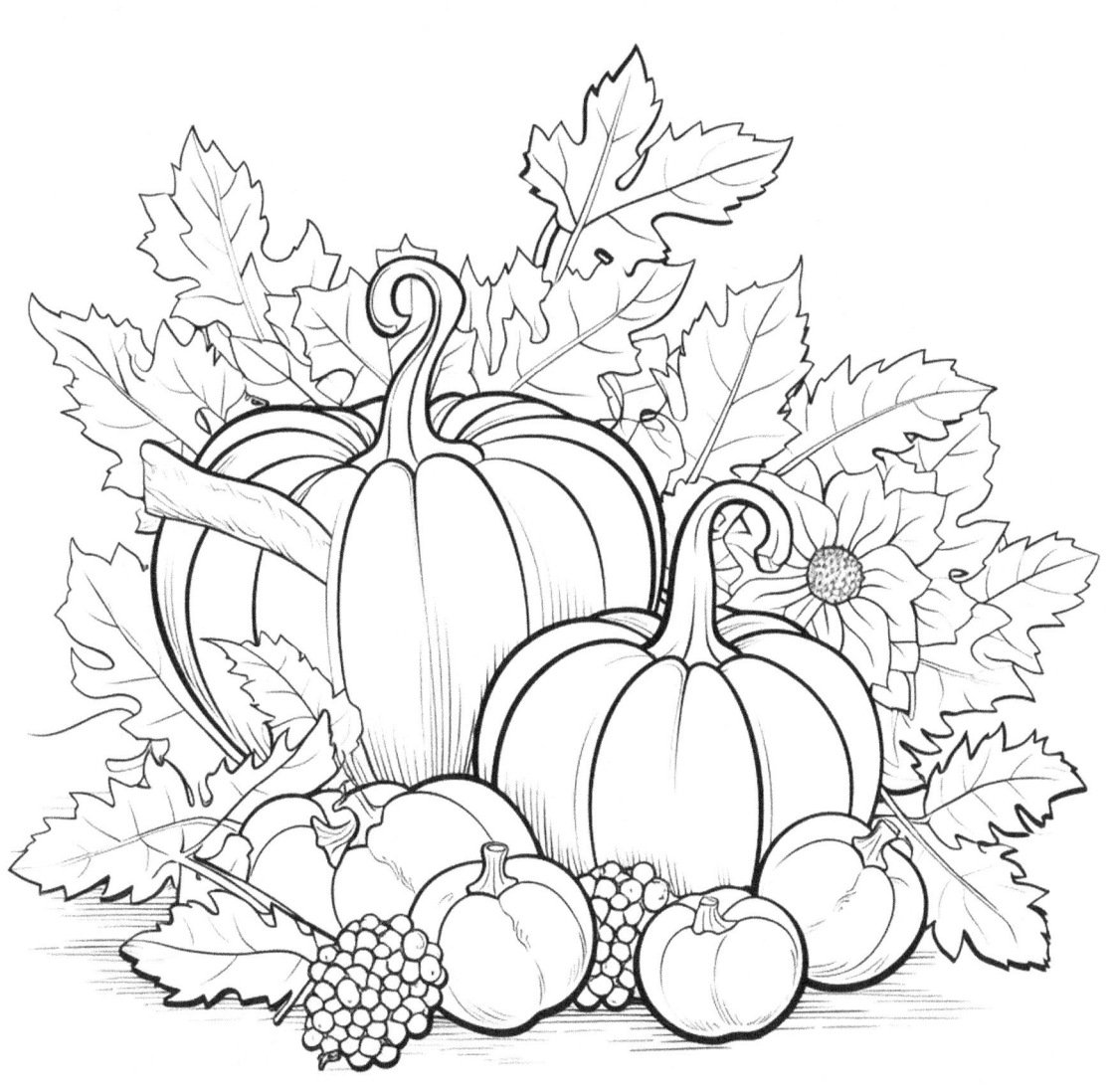

Zwyczaje i obyczaje jesienne w Polsce

Zabawy w robienie kukiełek z liści – Dzieci zbierają jesienne liście, kasztany i żołędzie, z których tworzą ludziki, zwierzątka lub inne kreatywne konstrukcje.

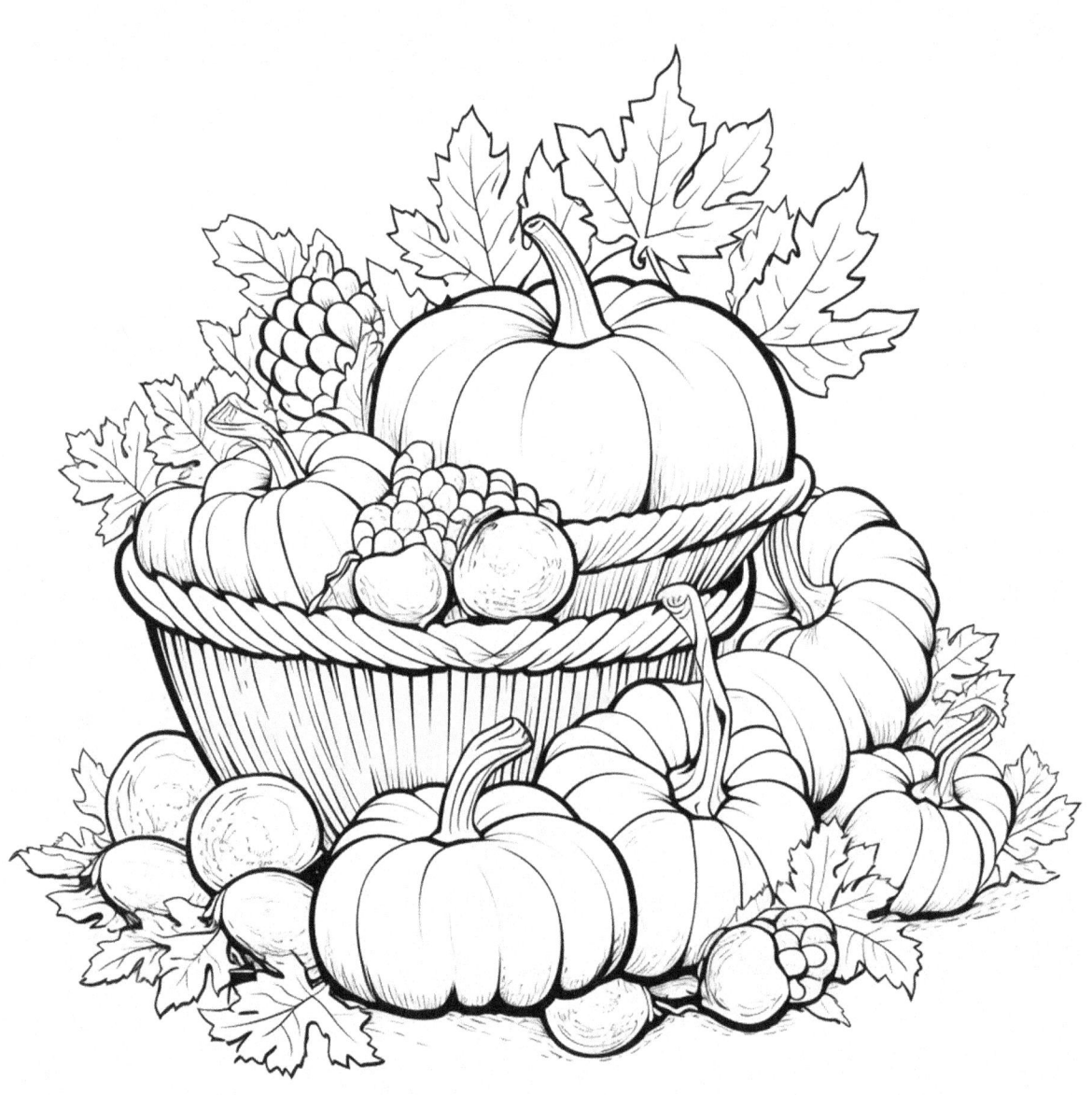

Zwyczaje i obyczaje jesienne w Polsce

Swojskie wino – Zebrane jesienią owoce, takie jak winogrona czy jabłka, są wykorzystywane do domowej produkcji wina, co jest popularne w wielu polskich rodzinach.

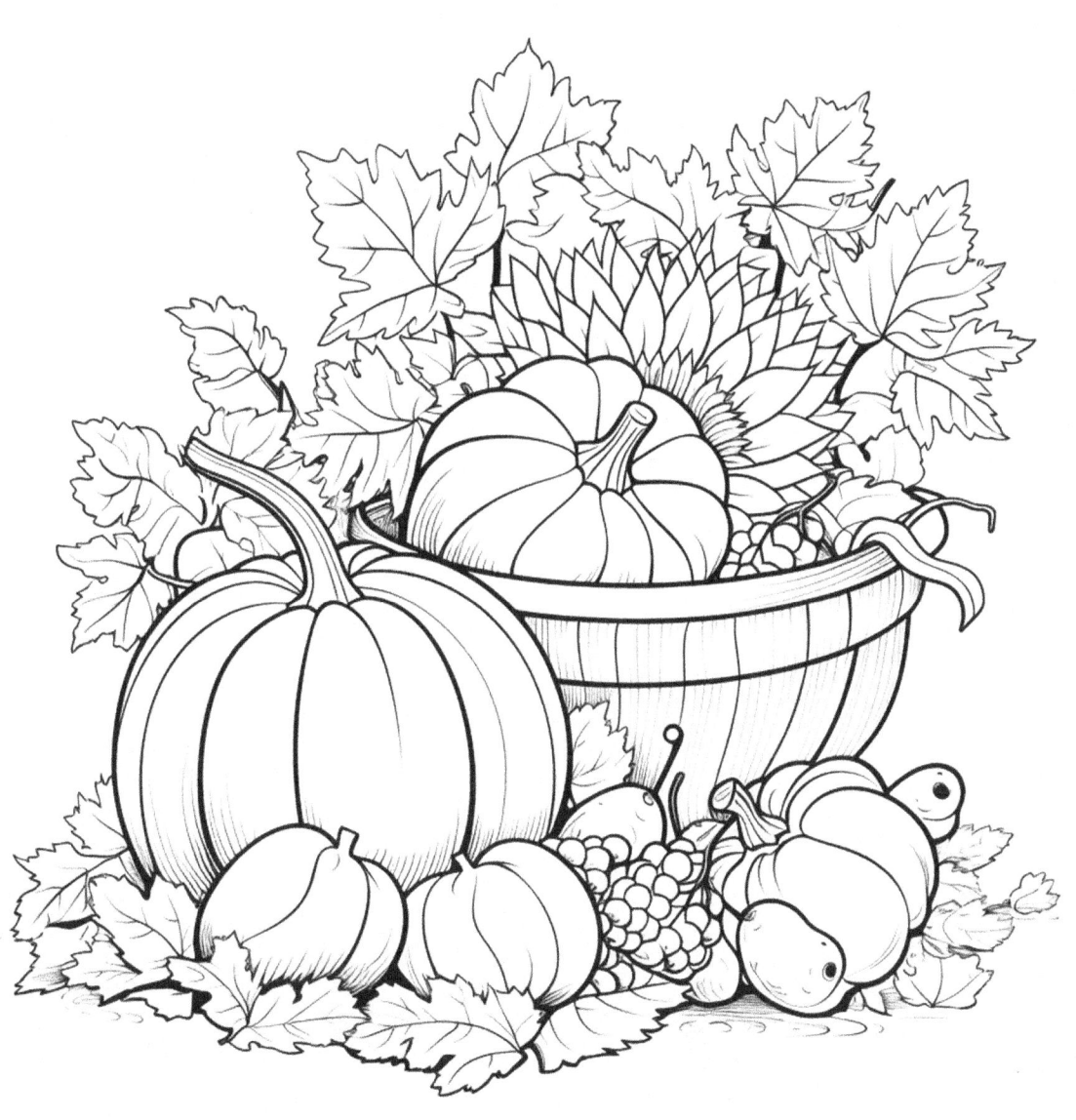

Zwyczaje i obyczaje jesienne w Polsce

Nalewki – Jesień to czas na przygotowanie tradycyjnych polskich nalewek, np. z aronii, jarzębiny czy pigwy, które będą gotowe do spożycia w okresie świątecznym.

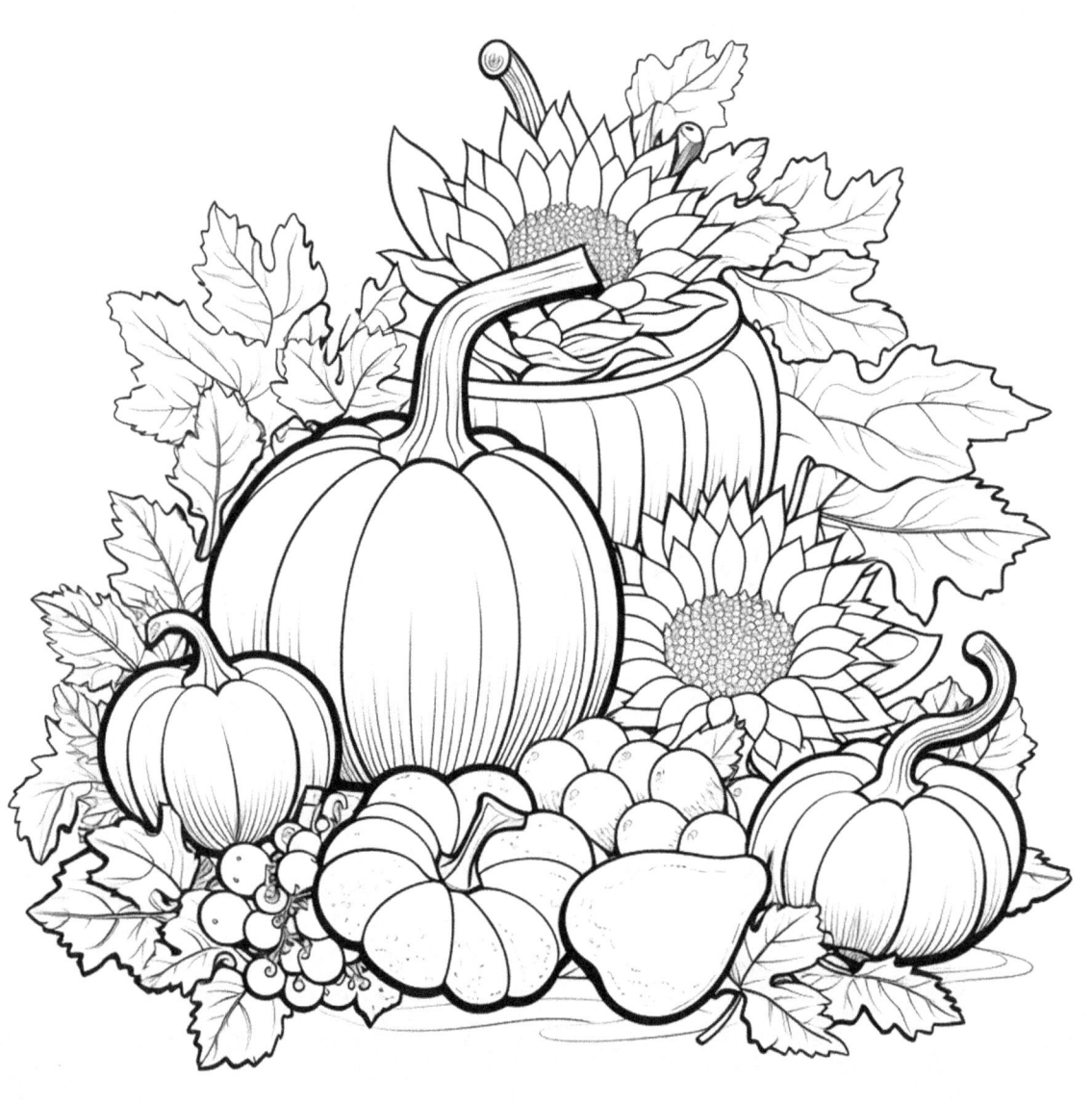

Zwyczaje i obyczaje jesienne w Polsce

Kultywacja roślin leczniczych – Jesienią zbiera się zioła, takie jak mięta, pokrzywa czy dziurawiec, które są następnie suszone i przechowywane na zimę.

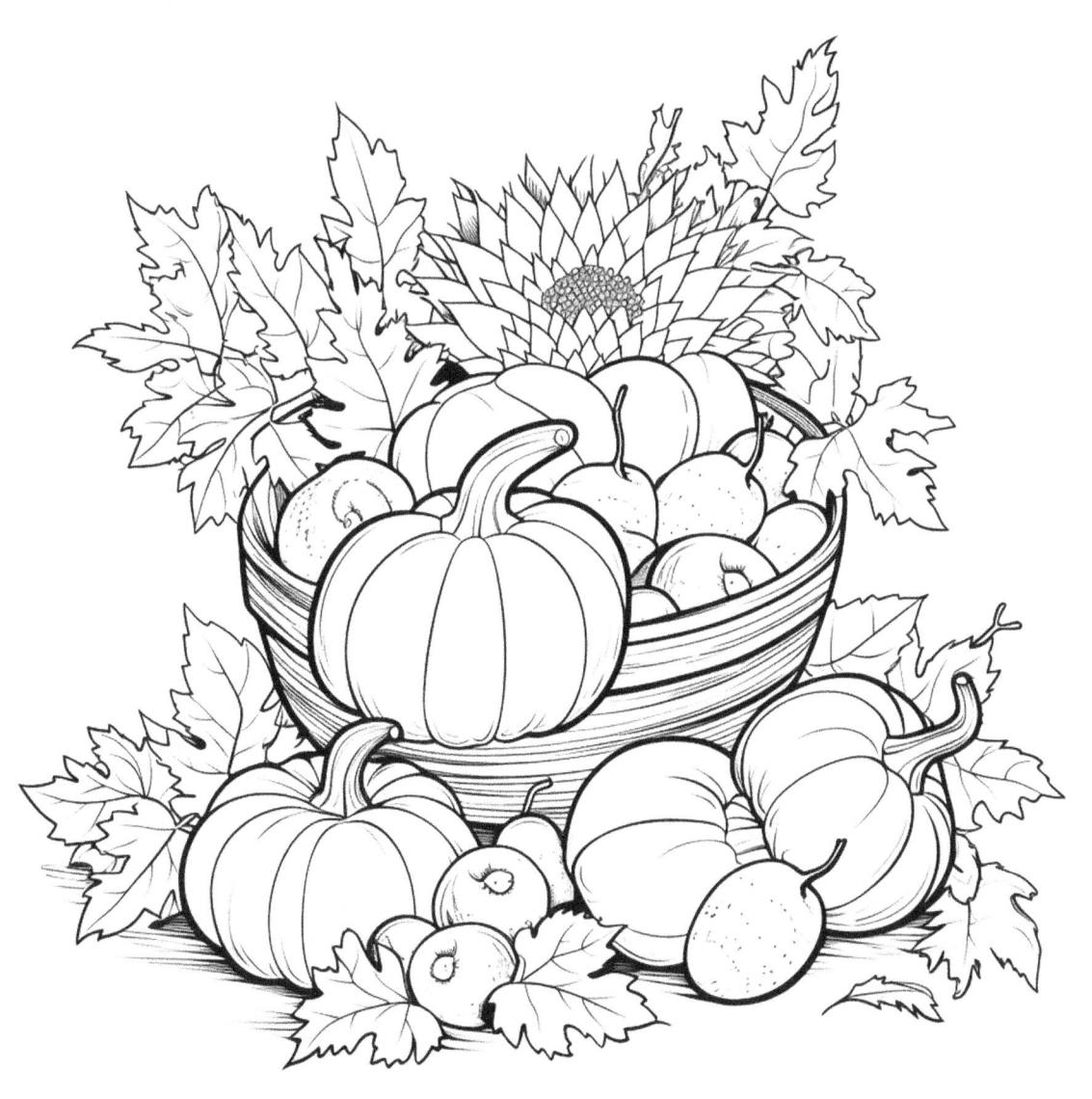

Zwyczaje i obyczaje jesienne w Polsce

Jesienne kwiaty - astry - Astry to typowe jesienne kwiaty, które zdobią polskie ogrody. Symbolizują zakończenie sezonu wegetacyjnego.

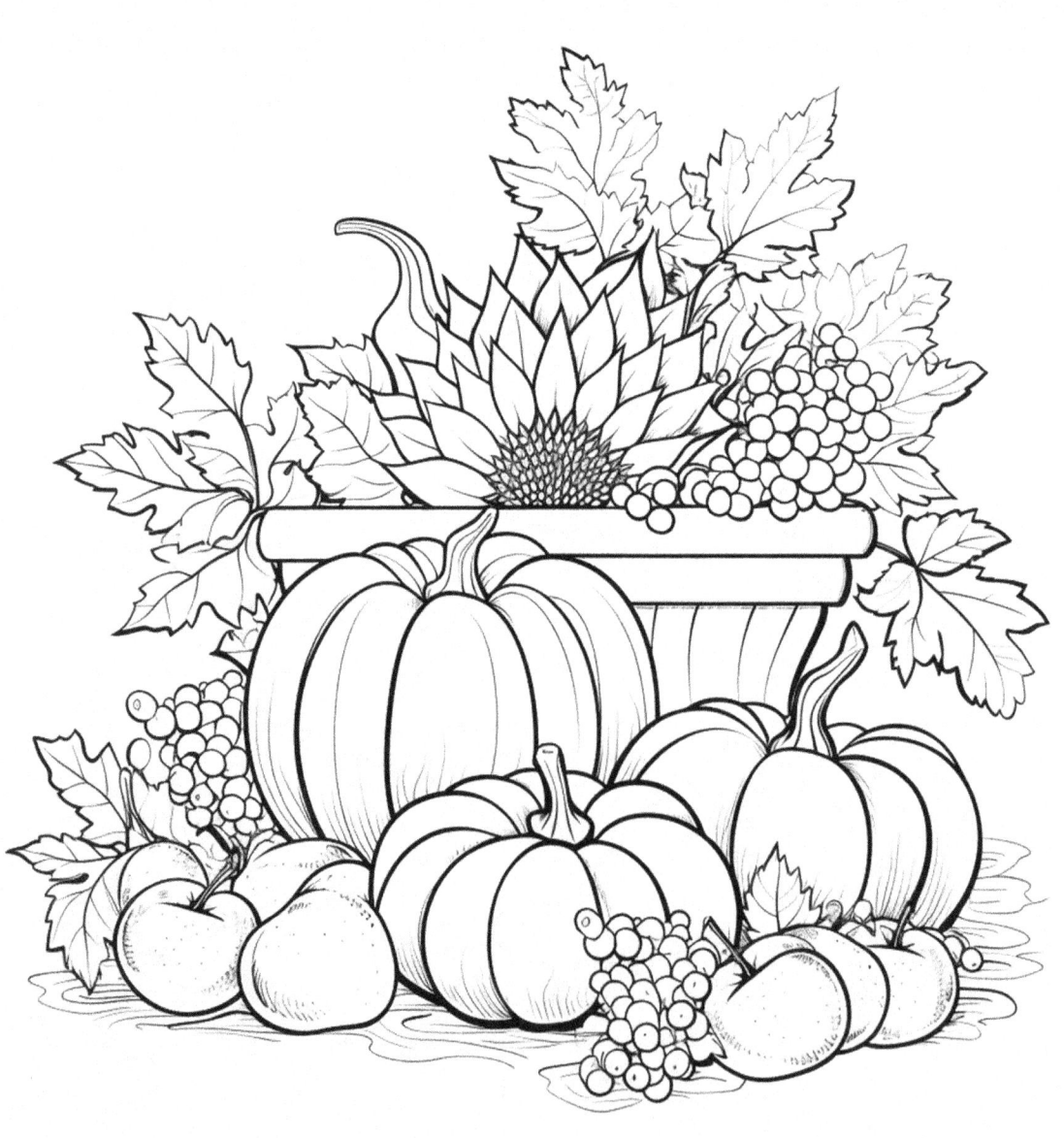

Zwyczaje i obyczaje jesienne w Polsce

Wyprawy na wrzosowiska – Jesień to czas, kiedy wrzosy kwitną najpiękniej. W Polsce, zwłaszcza na północy, popularne są wyprawy na wrzosowiska.

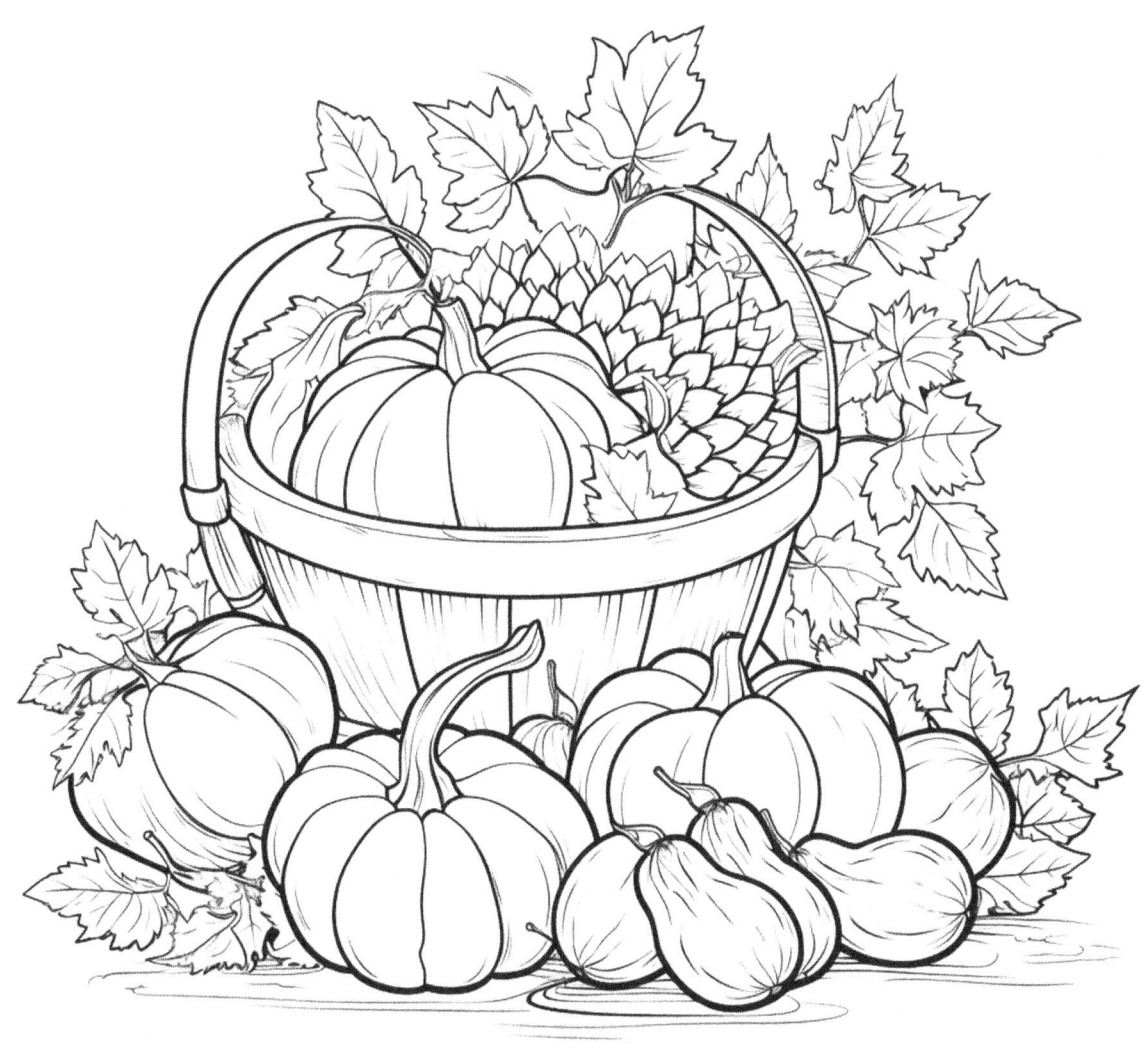

Zwyczaje i obyczaje jesienne w Polsce

Przetwory z pigwy – Pigwa, zwana polską cytryną, to owoc często zbierany jesienią i używany do produkcji przetworów oraz nalewek.

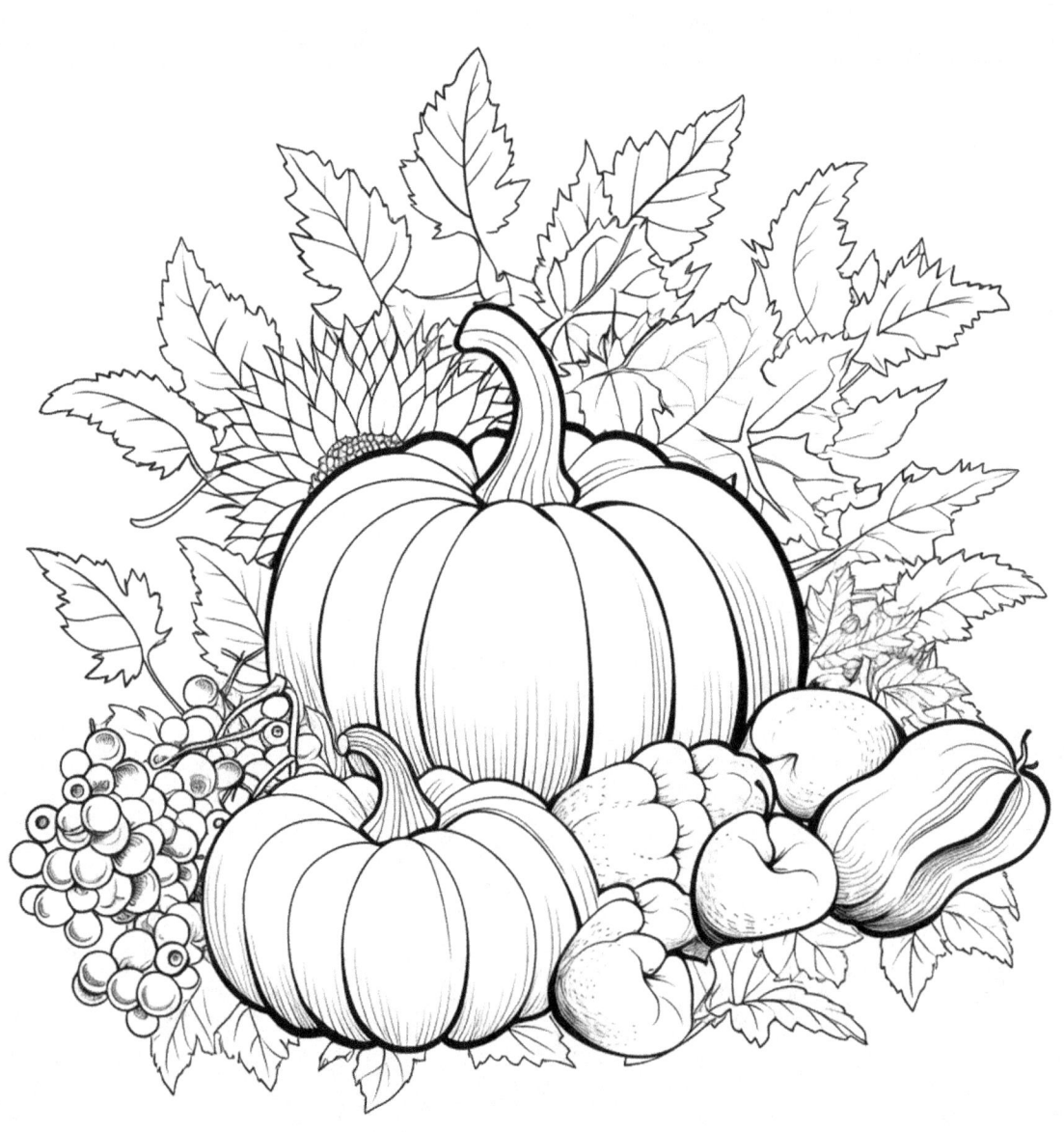

Zwyczaje i obyczaje jesienne w Polsce

Ogniska na polach – Jesienią w niektórych wsiach pali się ogniska z resztek roślinnych po żniwach, co jest dawnym sposobem przygotowania pól do zimy.

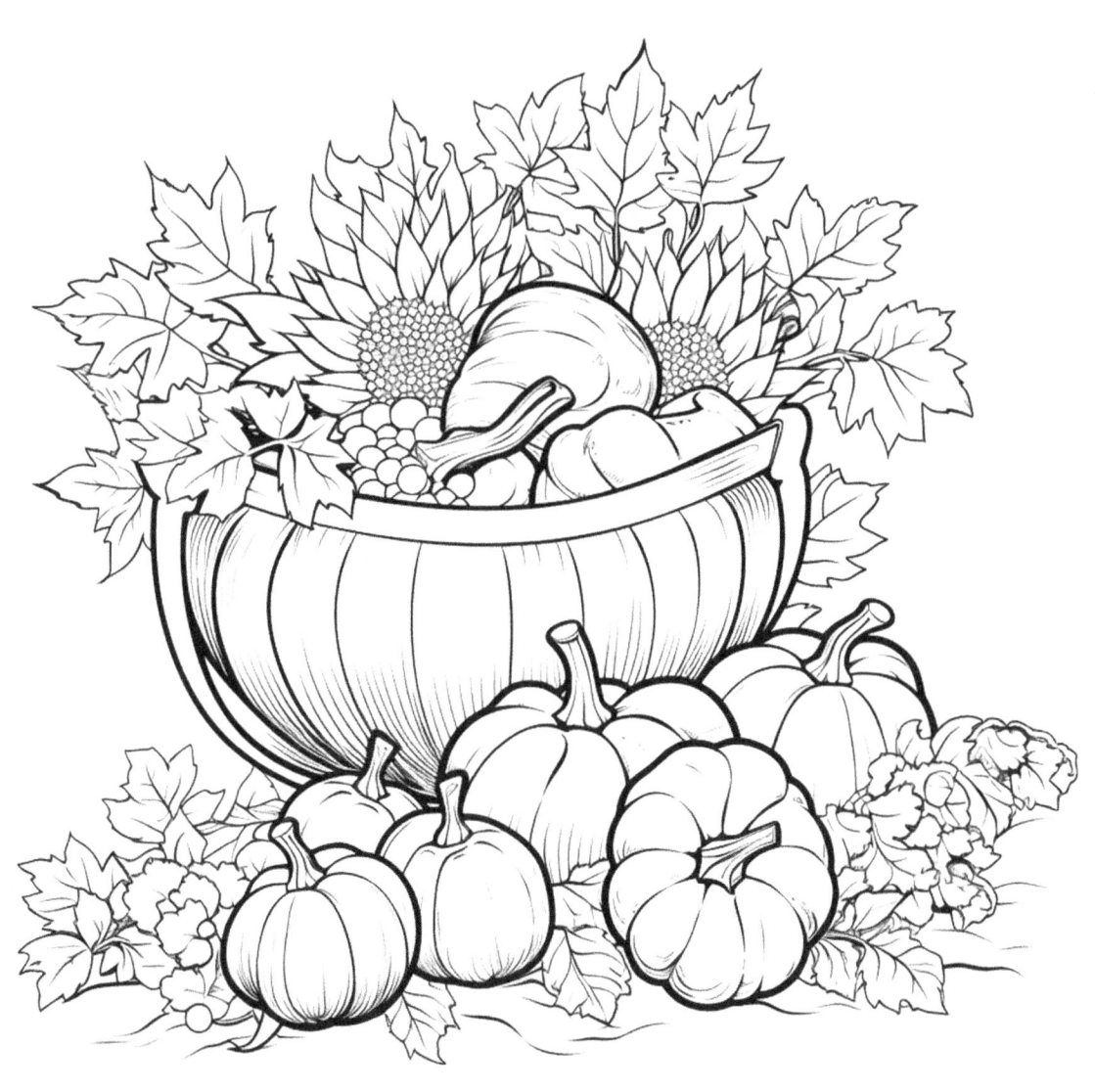

Zwyczaje i obyczaje jesienne w Polsce

Pieczone kasztany – Choć mniej popularne niż na Zachodzie, w niektórych regionach Polski, szczególnie w miastach, jesienią sprzedaje się pieczone kasztany jako przekąskę.

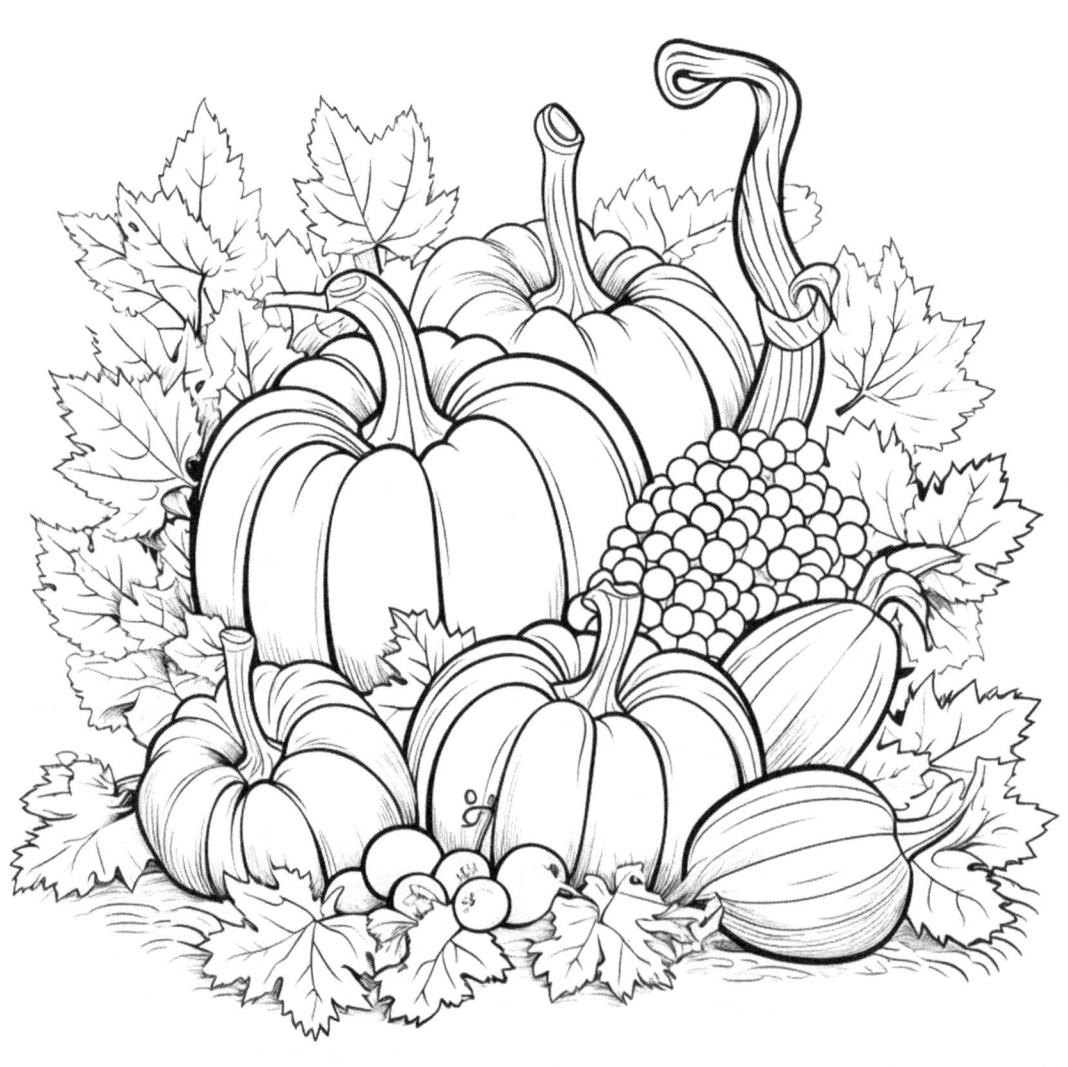

Zwyczaje i obyczaje jesienne w Polsce

Tworzenie domowych przetworów – Jesień to czas, kiedy Polacy robią domowe przetwory, takie jak dżemy, kompoty, marynaty i soki, by mieć zapasy na zimę.

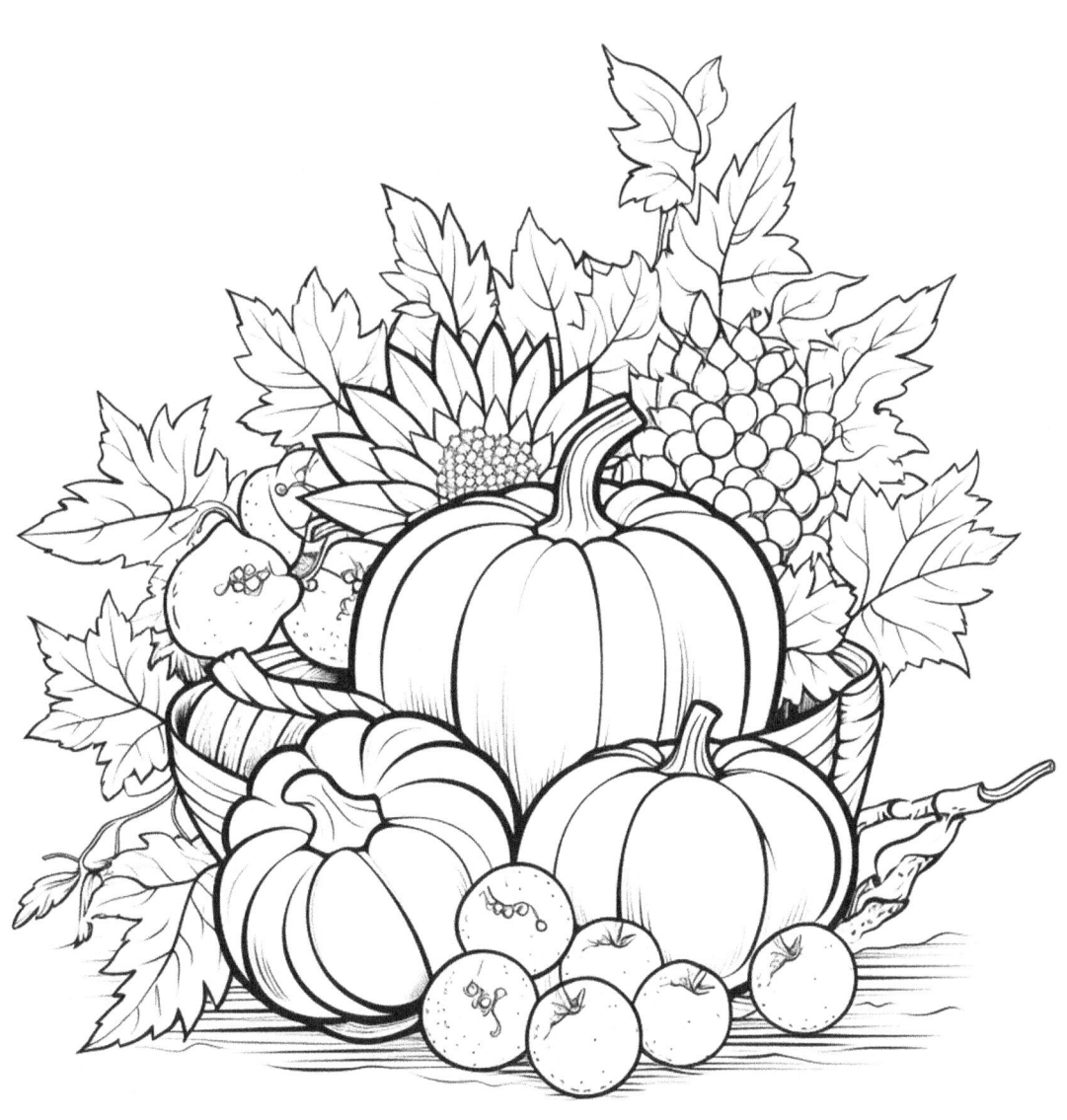

Zwyczaje i obyczaje jesienne w Polsce

Jesienne przesilenie – Wielu Polaków wierzy, że jesienne przesilenie, czyli okres zmniejszającej się ilości światła dziennego, wpływa na nastrój i samopoczucie.

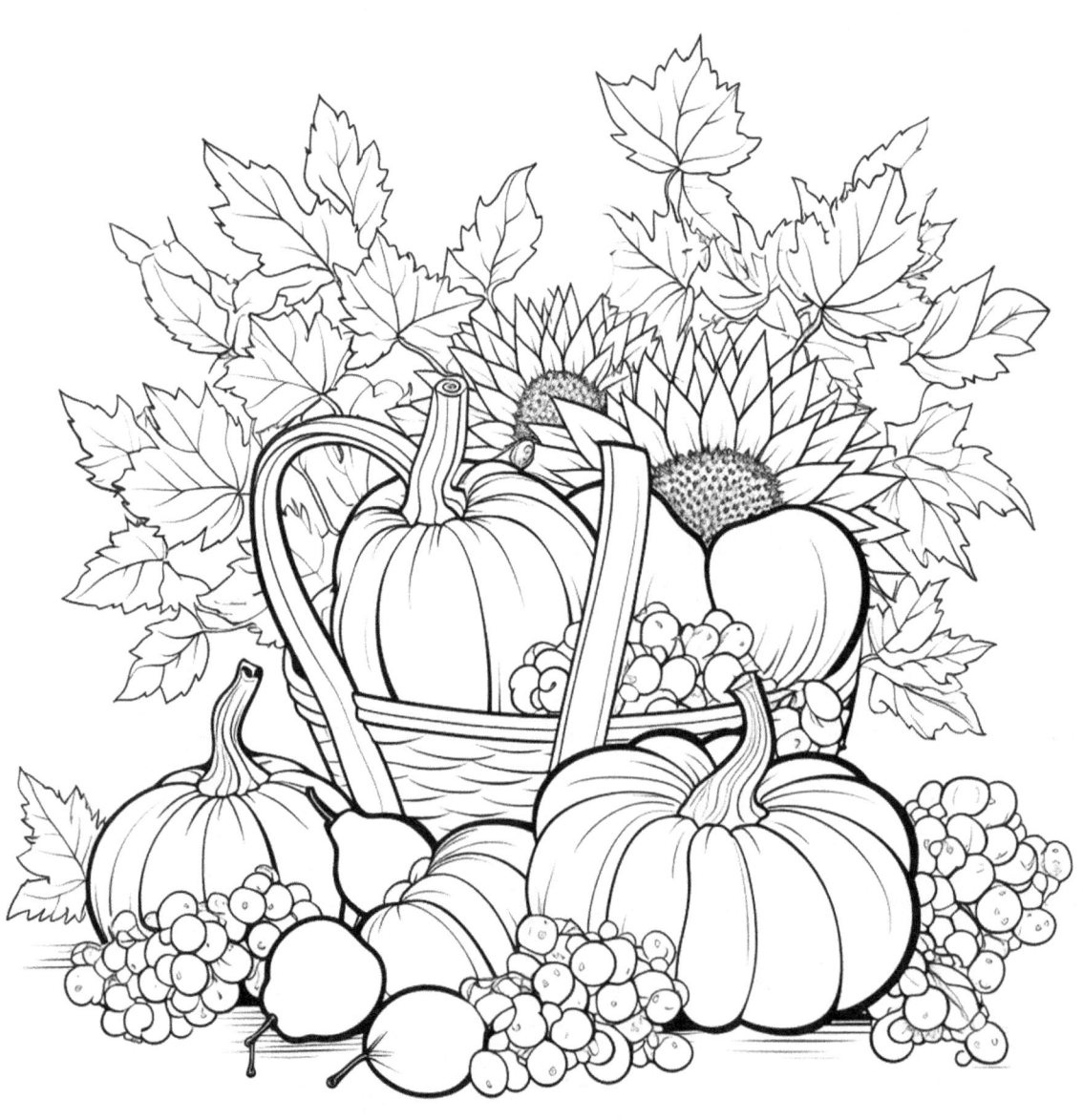

Zwyczaje i obyczaje jesienne w Polsce

Zupa dyniowa – Jesienią na polskich stołach pojawia się coraz popularniejsza zupa z dyni. To lekkie i zdrowe danie, które doskonale rozgrzewa w chłodniejsze dni.

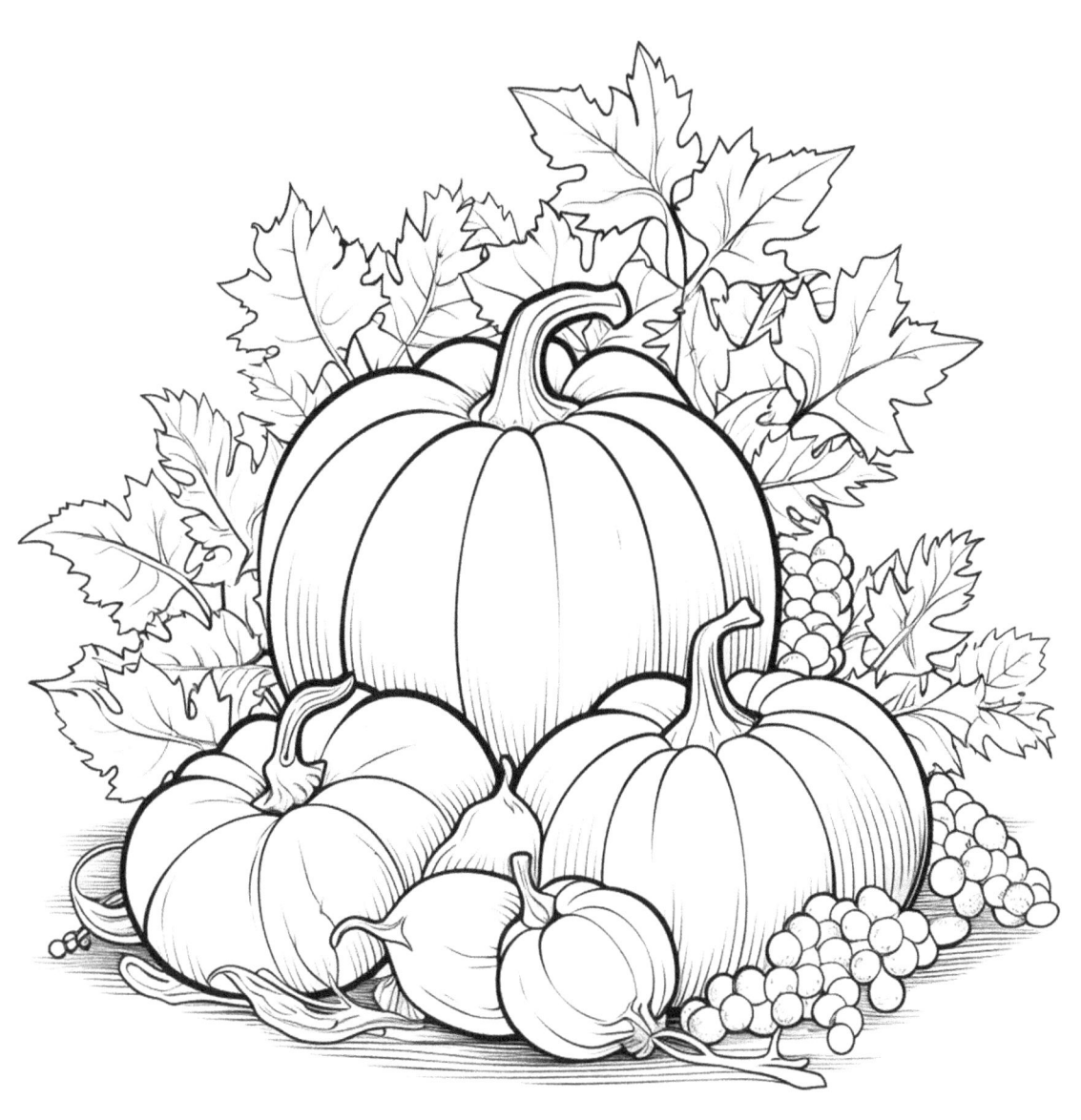

Zwyczaje i obyczaje jesienne w Polsce

Wędzenie mięsa i kiełbas – Jesień to także czas wędzenia mięsa i kiełbas, które będą spożywane w zimie. Wędzenie jest jedną z najstarszych metod konserwacji żywności w Polsce.

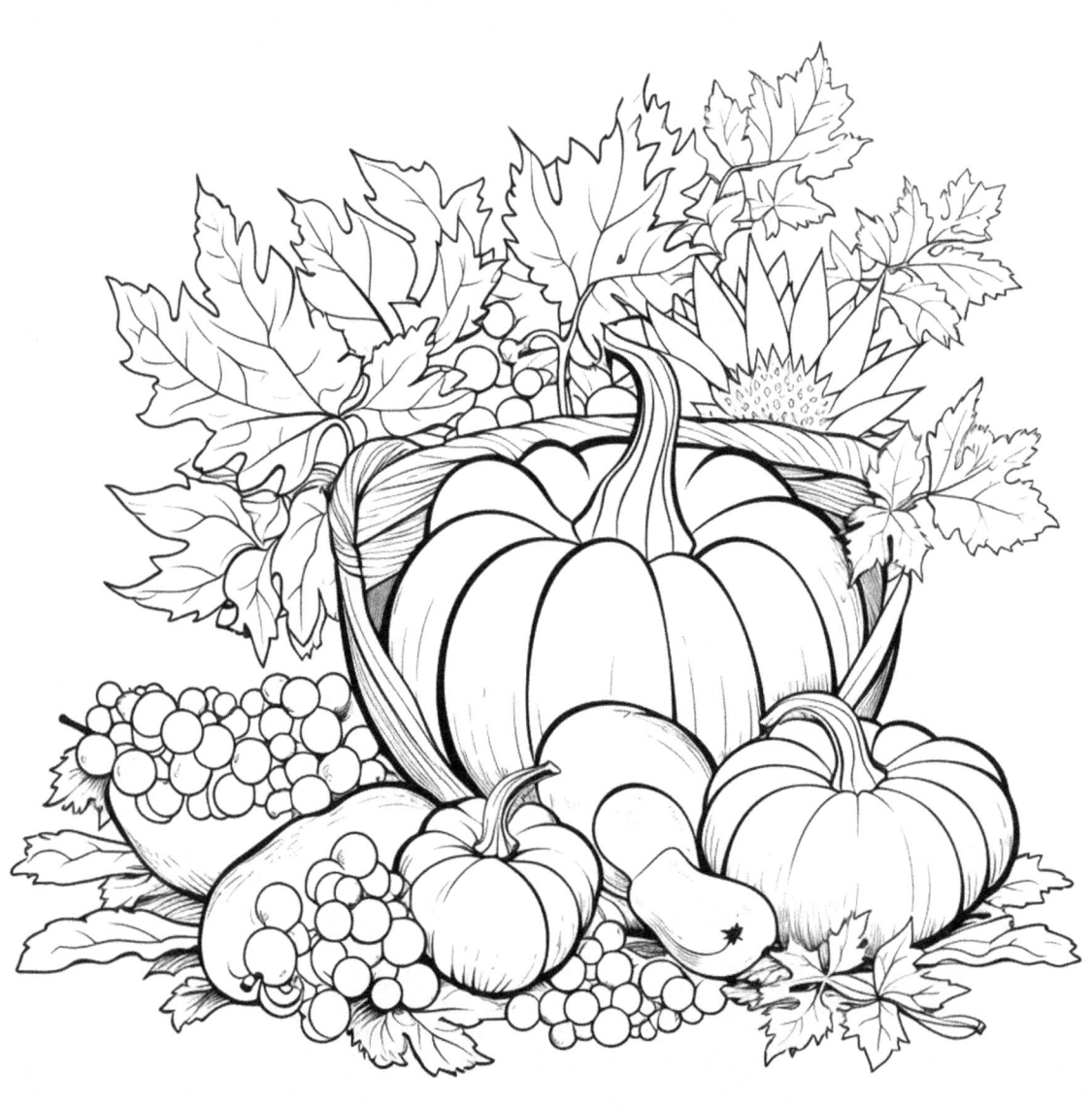

Zwyczaje i obyczaje jesienne w Polsce

Kiszenie ogórków – Choć ogórki kisi się latem, to ich spożycie znacznie wzrasta jesienią i zimą, kiedy stanowią doskonały dodatek do jesiennych potraw.

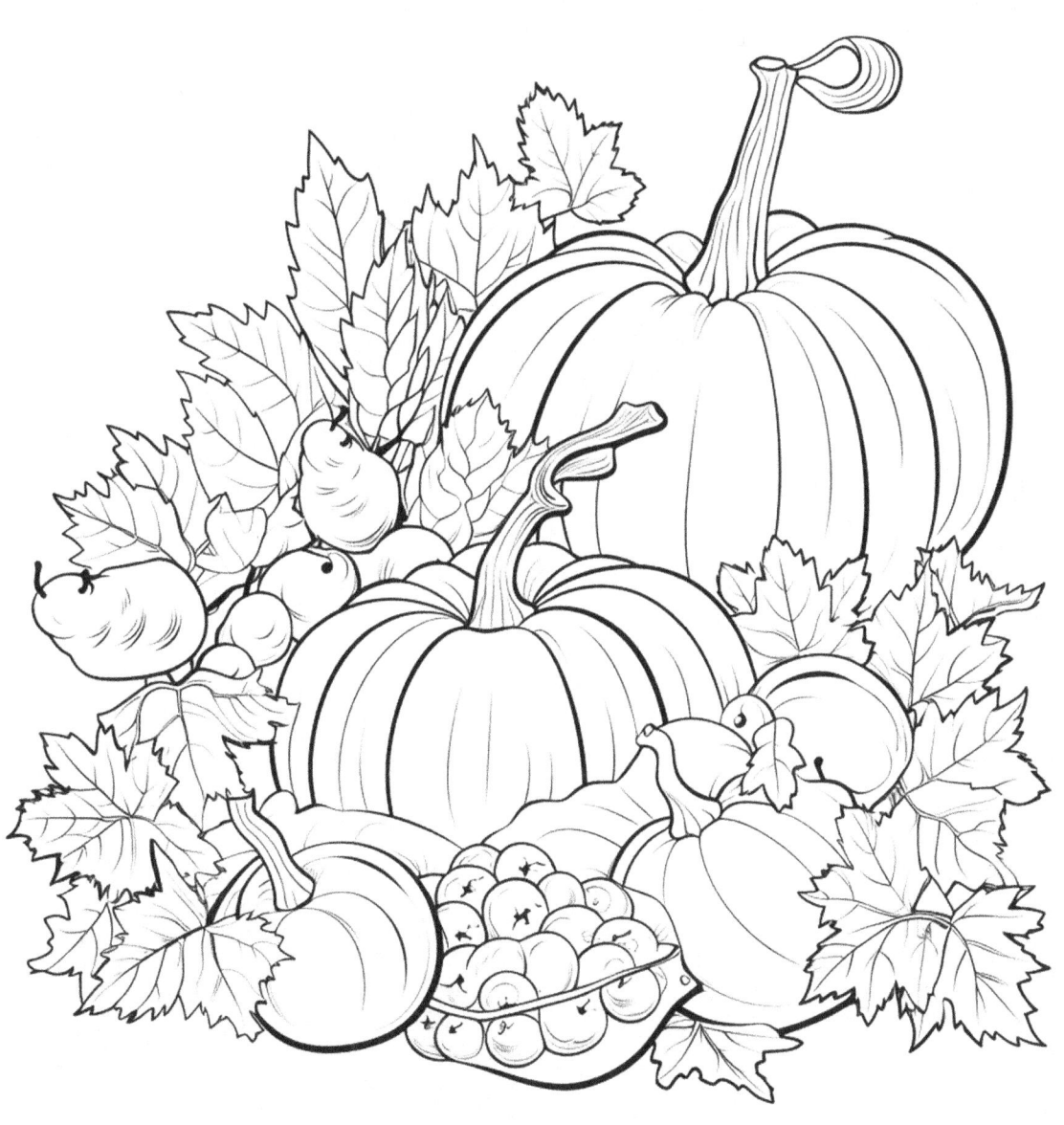

Zwyczaje i obyczaje jesienne w Polsce

Czernina – Jesienią w Polsce niegdyś popularna była czernina, czyli zupa z krwi kaczej lub gęsiej, której jedzenie związane było z sezonem na ptactwo.

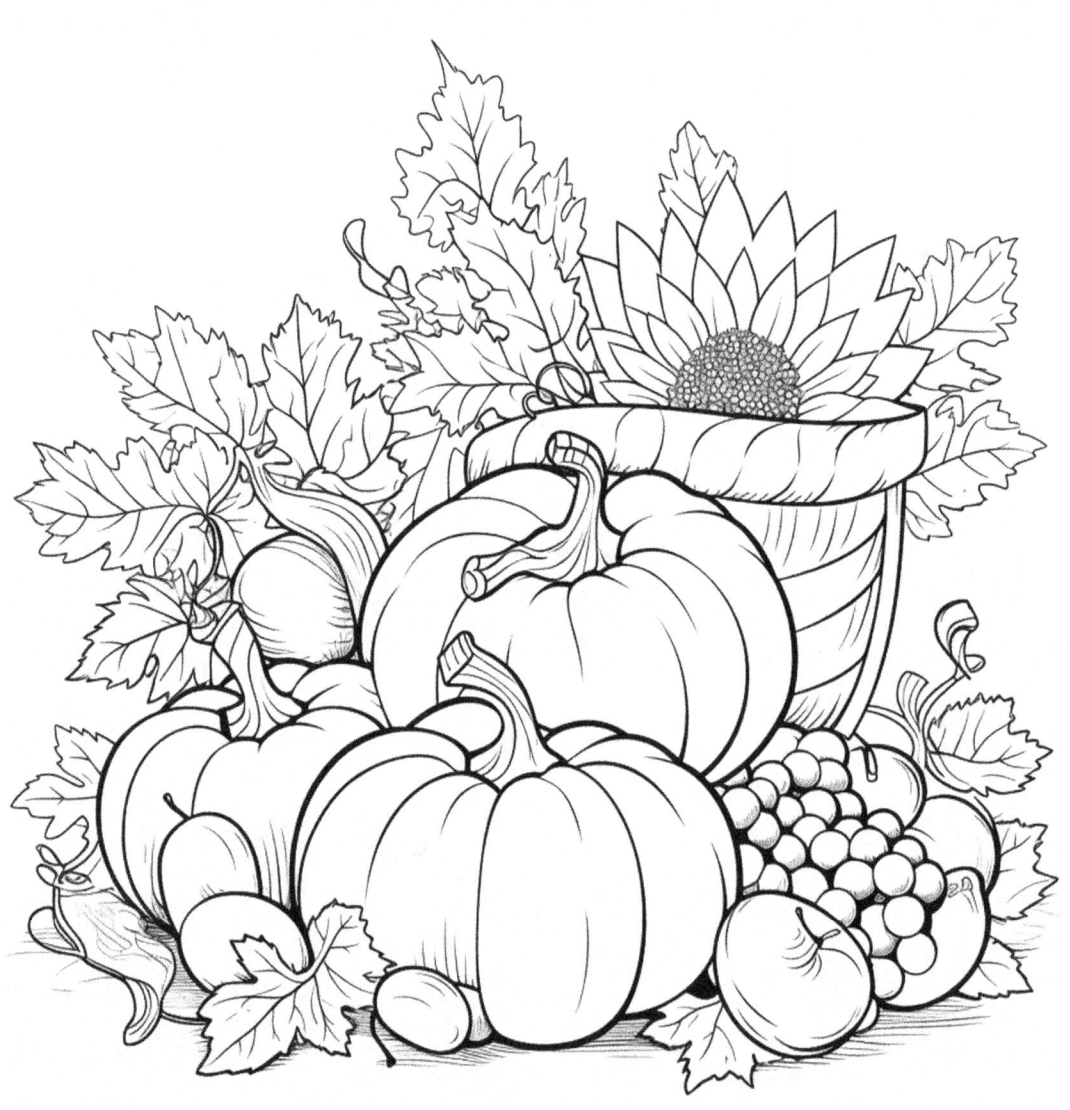

Zwyczaje i obyczaje jesienne w Polsce

Dzień Nauczyciela (14 października) – Święto obchodzone jesienią, podczas którego uczniowie w Polsce dziękują swoim nauczycielom, często wręczając im kwiaty.

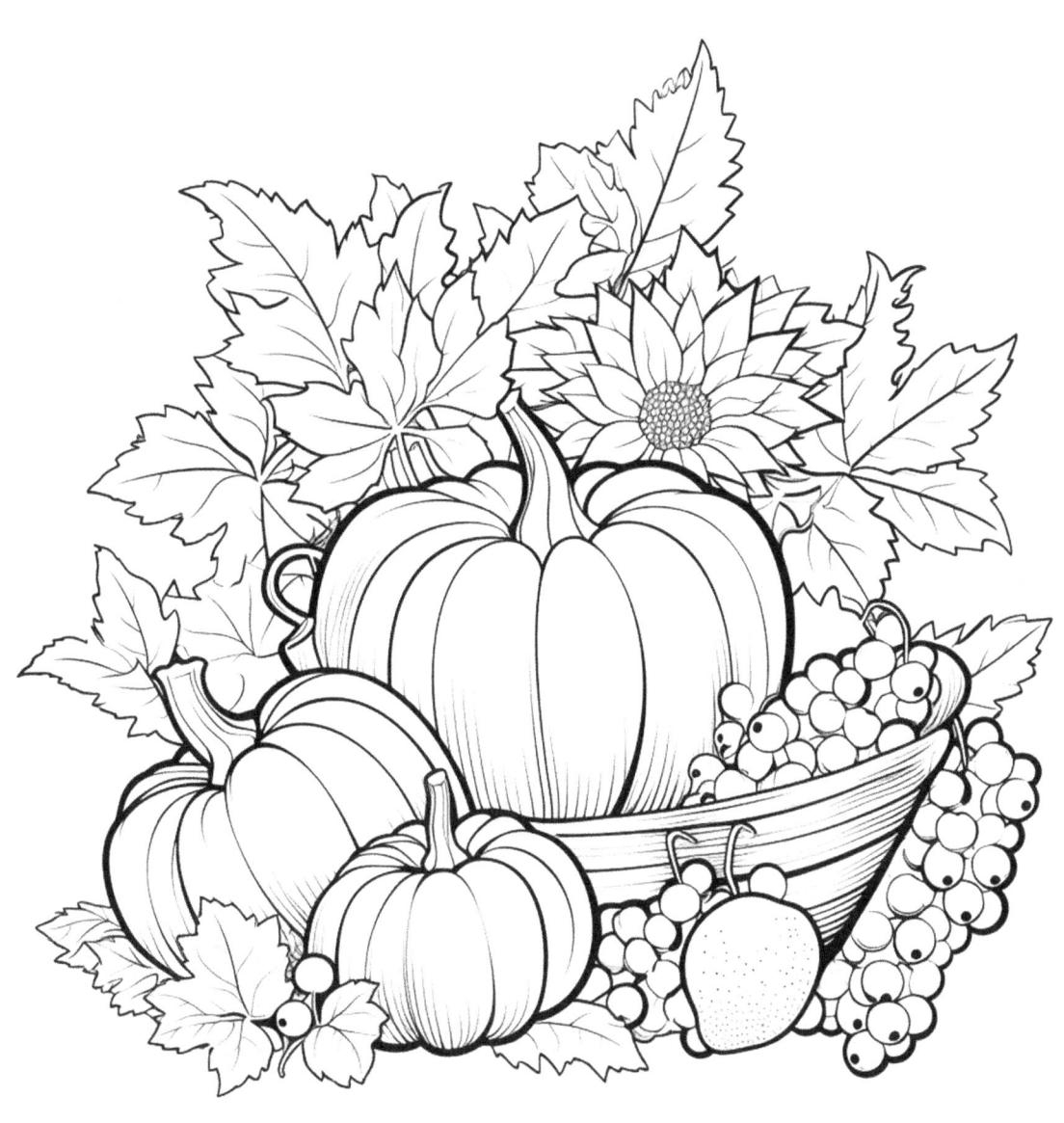

Zwyczaje i obyczaje jesienne w Polsce

Wrzesień – czas na śliwki – Wrzesień to okres zbioru śliwek. Tradycyjne powidła śliwkowe, szczególnie te robione bez cukru, są uważane za jedne z najsmaczniejszych przetworów jesiennych.

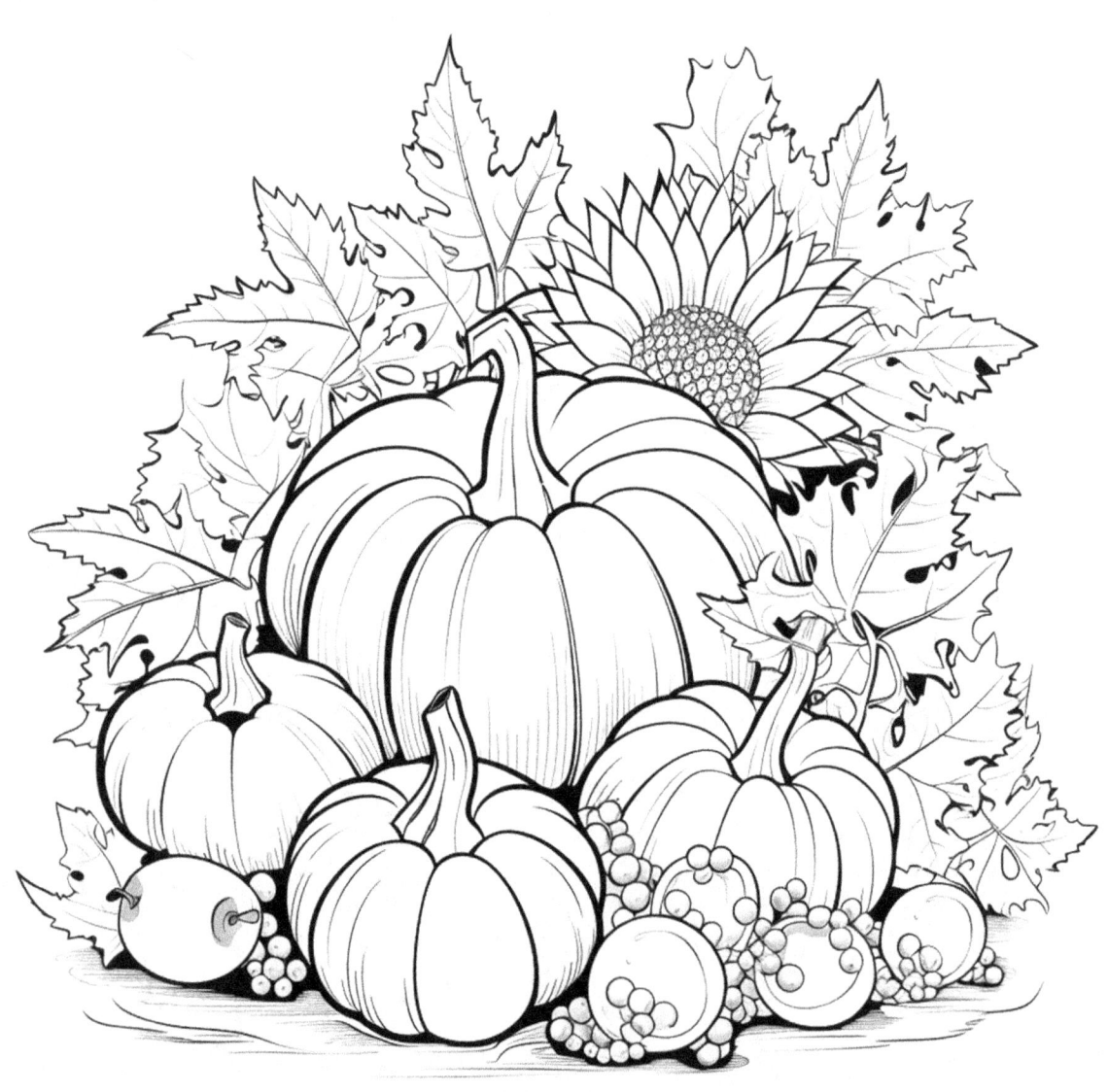

Zwyczaje i obyczaje jesienne w Polsce

Wędrówki ptaków – Jesień to czas migracji ptaków, co od pokoleń fascynuje Polaków. W wielu miejscach organizowane są obserwacje ptaków odlatujących na zimę.

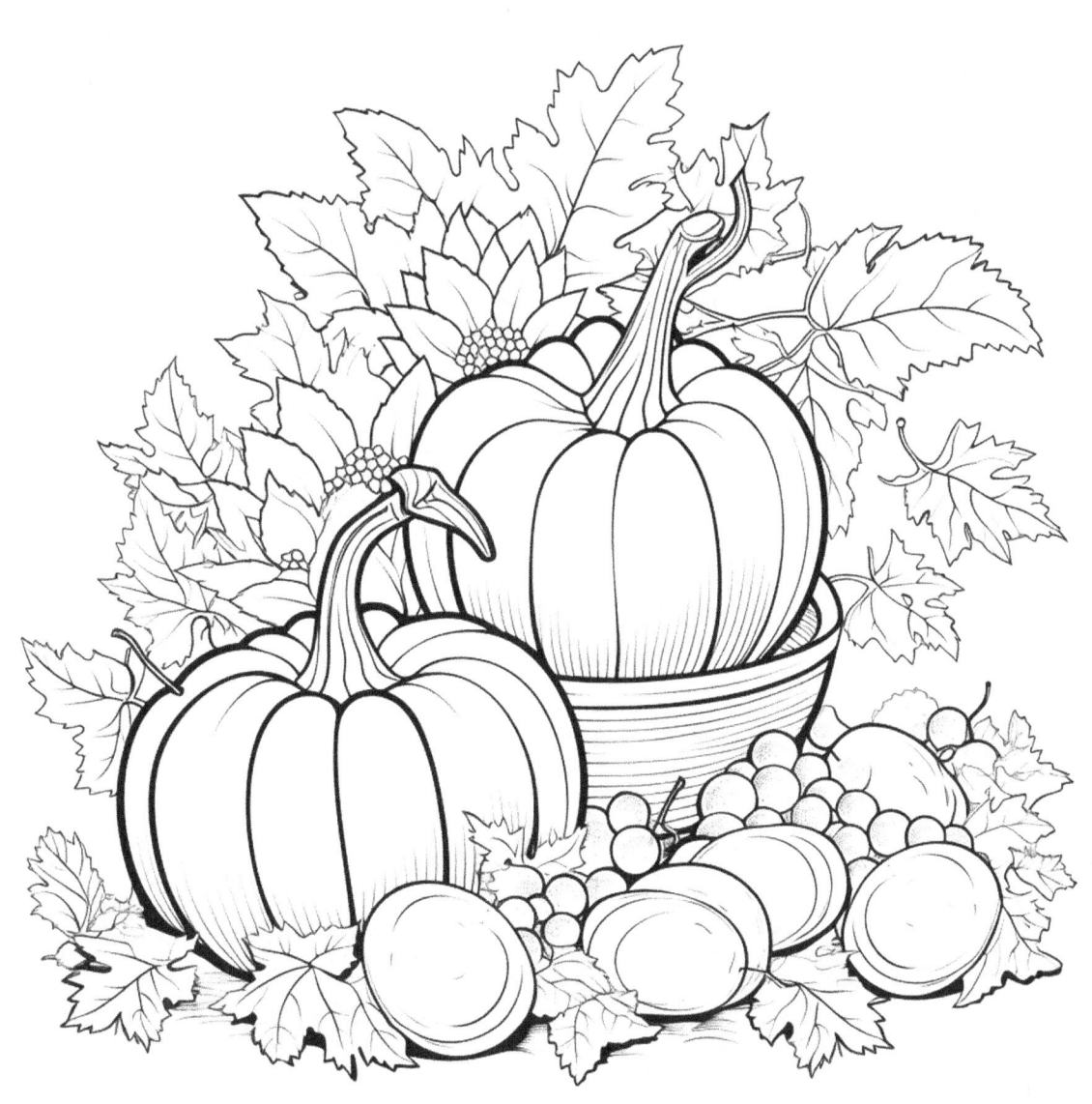

Zwyczaje i obyczaje jesienne w Polsce

Festiwal Sztuki Ludowej – W niektórych regionach jesienią odbywają się festiwale sztuki ludowej, na których można podziwiać rękodzieło, stroje regionalne oraz tradycyjne tańce i muzykę.

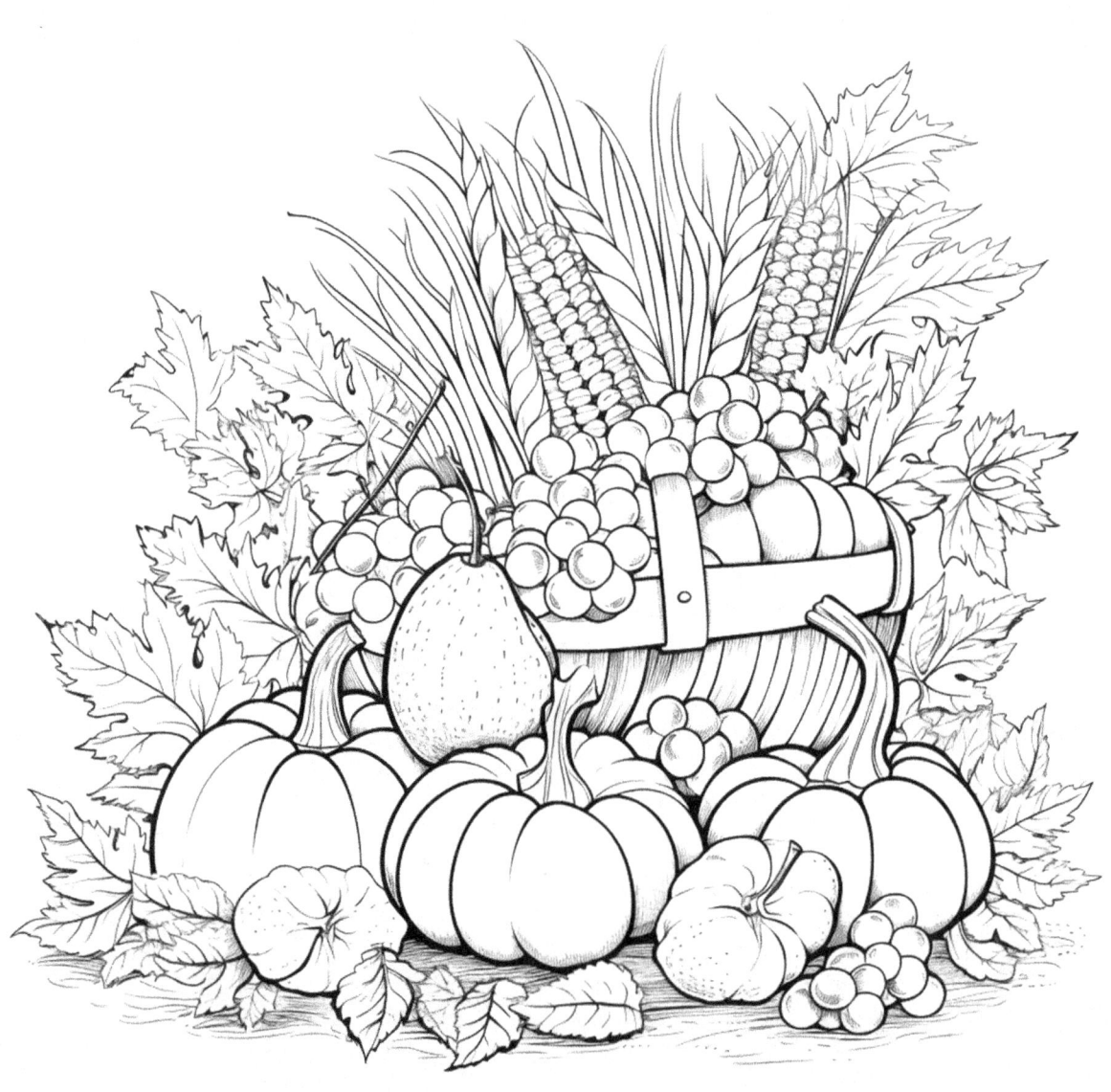

Zwyczaje i obyczaje jesienne w Polsce

Zbieranie jarzębiny – Polacy często zbierają jarzębinę, z której robi się korale, dekoracje, a także domowe nalewki i konfitury.

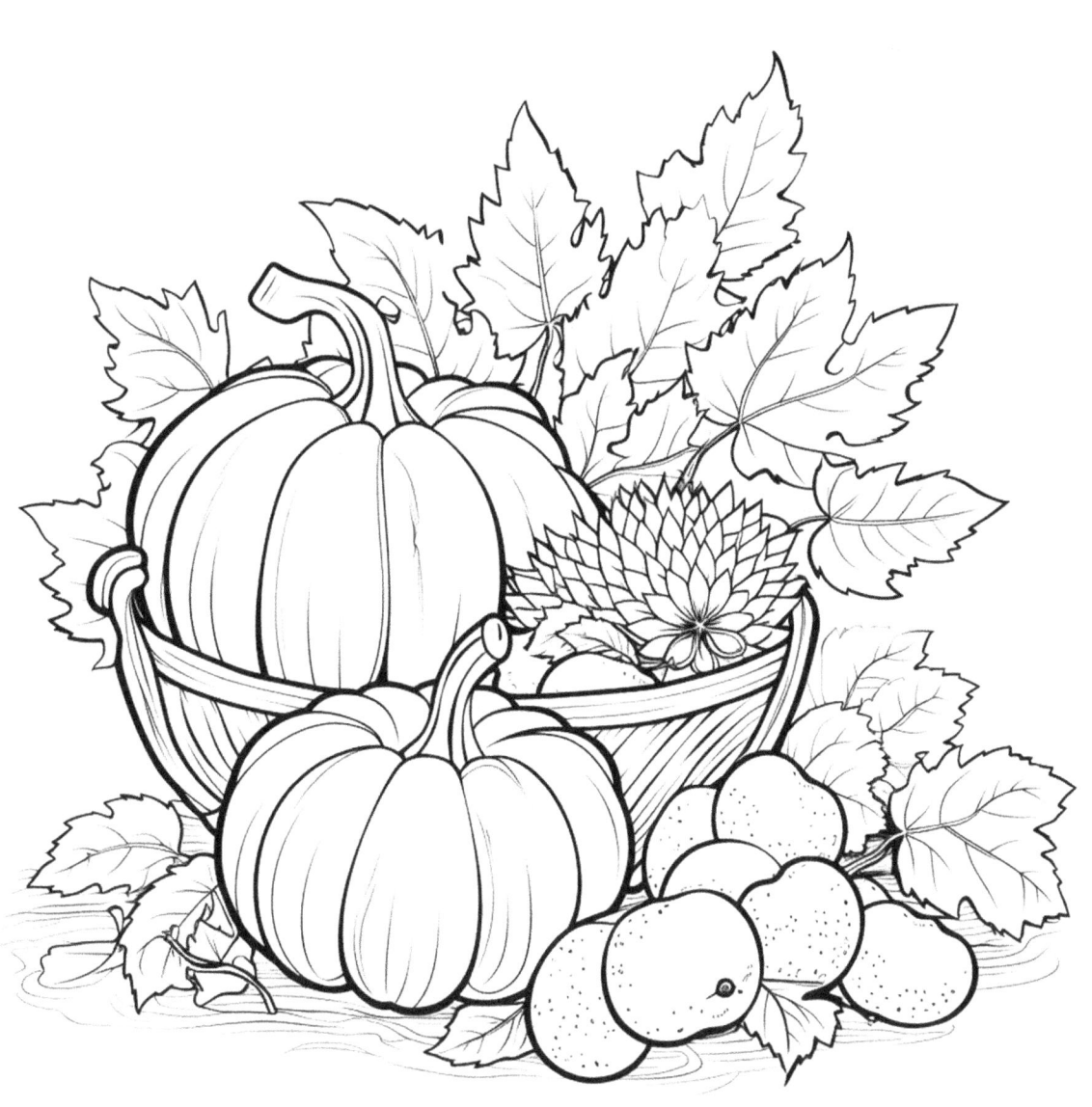

Zwyczaje i obyczaje jesienne w Polsce

Święto Pieczonego Ziemniaka – W wielu polskich szkołach i przedszkolach organizowane są imprezy plenerowe poświęcone pieczeniu ziemniaków, połączone z zabawami na świeżym powietrzu.

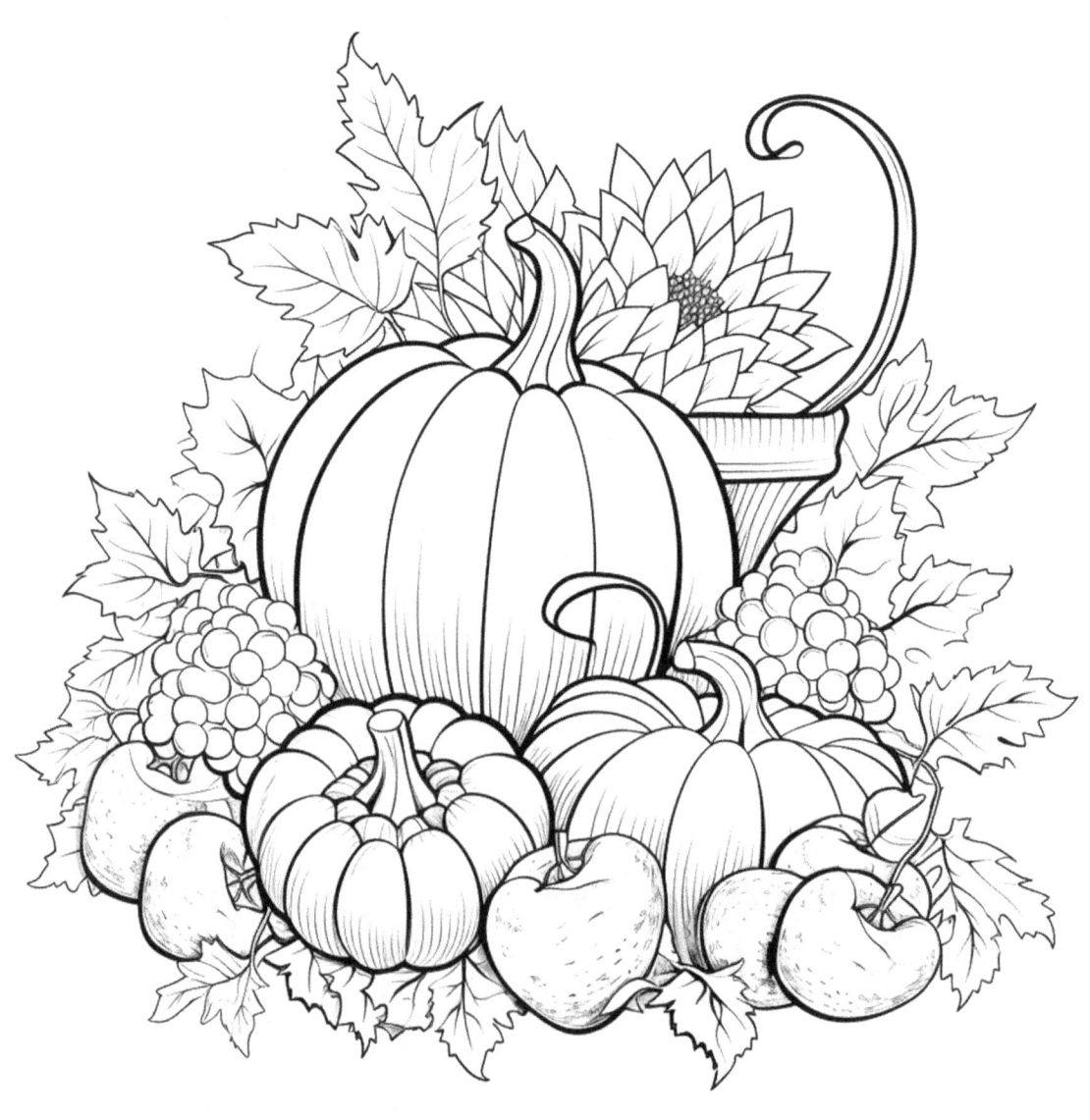

Zwyczaje i obyczaje jesienne w Polsce

Sianie oziminy – Jesienią rolnicy sieją zboża ozime (np. pszenicę ozimą), które zimują w ziemi i dają plony w następnym roku.

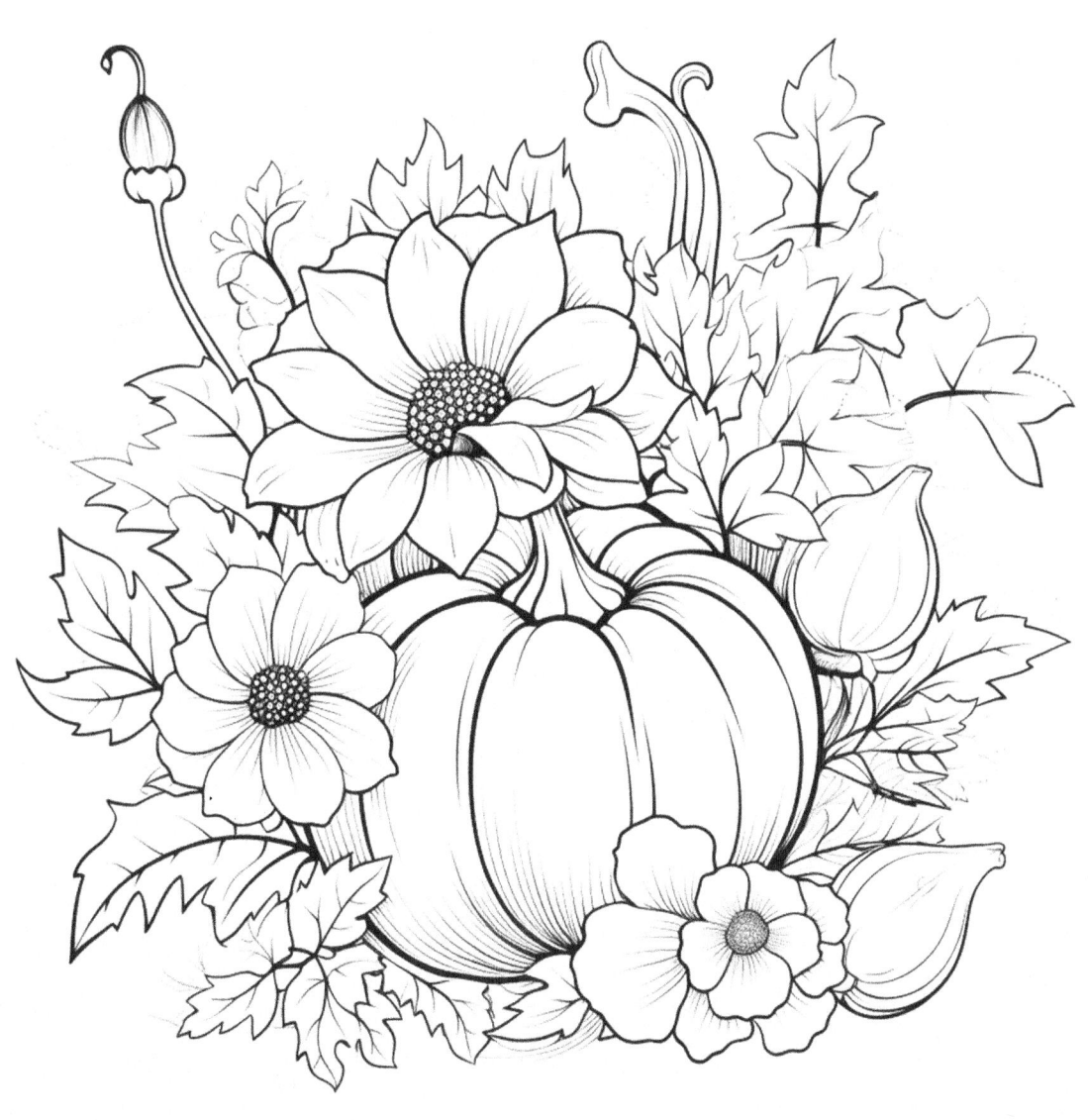

Zwyczaje i obyczaje jesienne w Polsce

Jarmarki św. Michała – Na południu Polski, szczególnie na Podhalu, we wrześniu odbywają się jarmarki św. Michała, na których można kupić lokalne produkty i rękodzieło.

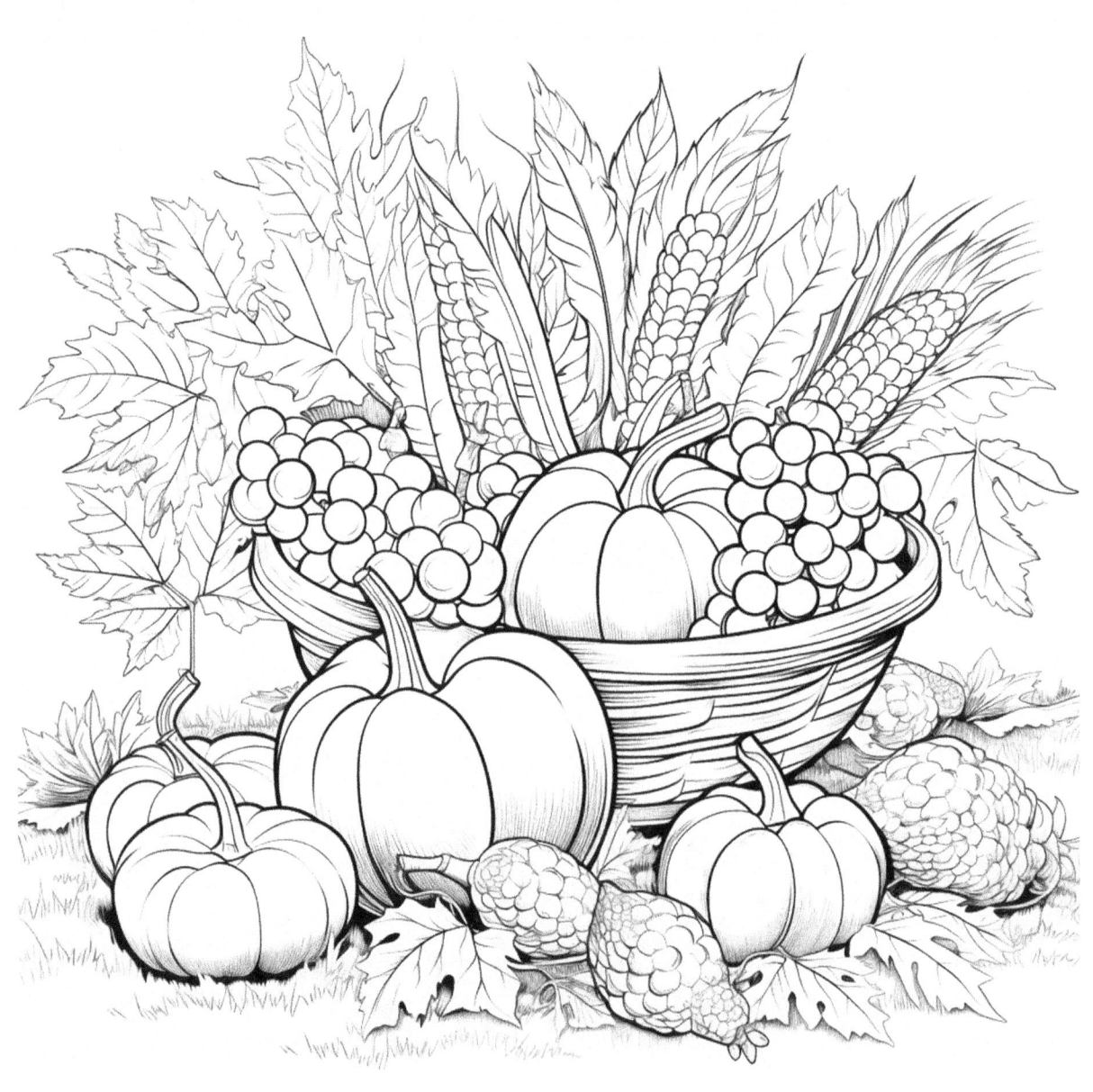

Zwyczaje i obyczaje jesienne w Polsce

Jesienne zabiegi rolnicze – Po zbiorach, rolnicy przygotowują pola do zimy. Orka zimowa i nawożenie to tradycyjne czynności rolnicze wykonywane w październiku i listopadzie.

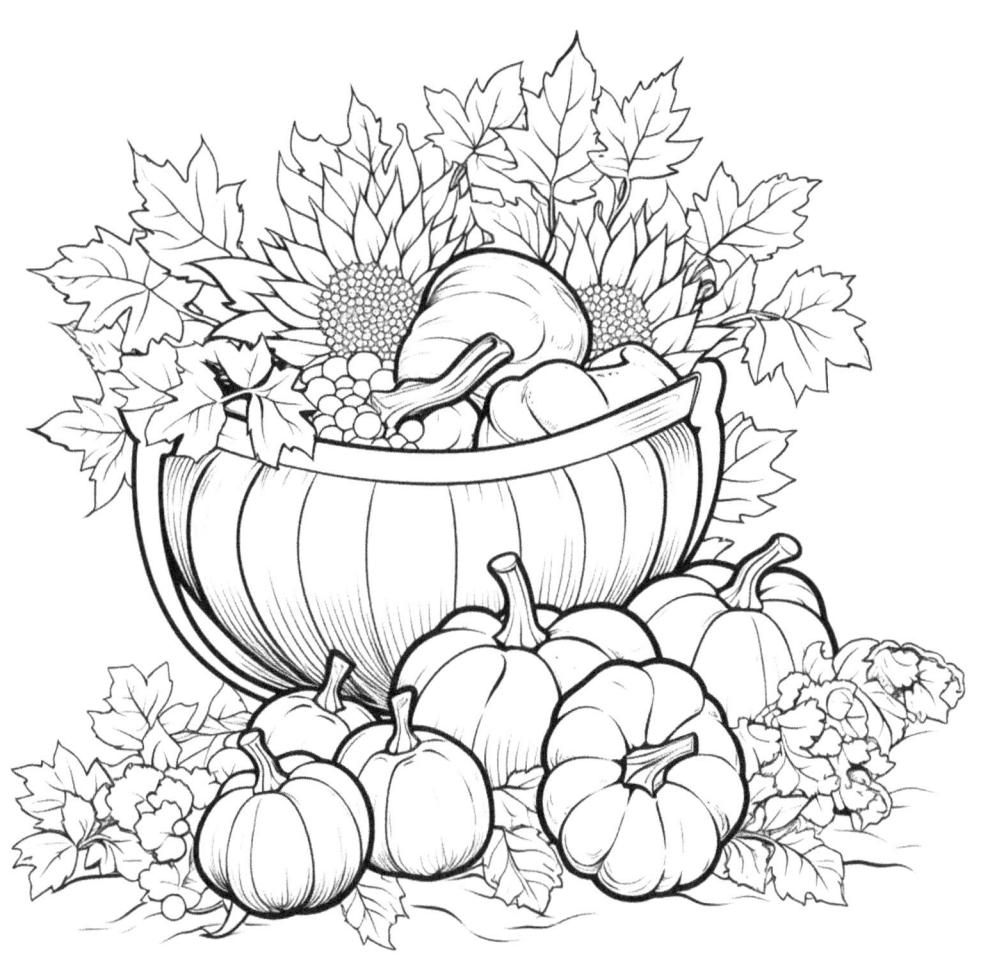

www.ingramcontent.com/pod-product-compliance
Lightning Source LLC
Chambersburg PA
CBHW062233220526
45471CB00009B/3463